Emmanuel Malynski

La Guerre Occulte

EMMANUEL MALYNSKI

LA GUERRE OCCULTE

1936

Publié par OMNIA VERITAS LTD

OMNIA VERITAS

www.omnia-veritas.com

L'auteur de la peinture illustrant la couverture de ce livre est Guariento di Arpo, peintre italien né à Padoue, qui a exercé ses talents dans cette ville et à Venise entre 1338 et 1370.

La peinture est actuellement exposée au Musée Civique de Padoue (Museo Civico di Padova), et s'intitule les Milices Célestes. Il s'agit d'une huile sur bois de 1,10 m× 1,07 m réalisée à Padoue et datant environ de 1350.

Cette image représente l'armée de la lumière en forme de Légion luttant contre les forces des ténèbres. Elle démontre que ce combat se situe non seulement sur un plan individuel, tel celui de St George contre le dragon ou bien de Mithra avec le taureau, mais également dans un cadre collectif exprimé dans la peinture elle-même : une guerre des forces du cosmos contre les forces du chaos, à laquelle tous les êtres, même involontairement, participent de l'une ou l'autre milice.

PRÉFACE 11

Emmanuel Malynski.. 11

LE XIXÈ SIÈCLE

LA RÉVOLUTION EN MARCHE 15

LA SAINTE ALLIANCE

METTERNICH, CHAMPION DE LA CONTRE RÉVOLUTION ... 21

LA SAINTE ALLIANCE

NATIONALISME ET UNIVERSALISME 31

1848 DÉBUT DE LA RÉVOLUTION MONDIALE 41

NAPOLÉON III

ALLIÉ DE LA RÉVOLUTION MONDIALE 53

LES PREMIÈRES GUERRES POUR LA DÉMOCRATIE - LA GUERRE DE CRIMÉE.. 61

LA RUSSIE ABATTUE,

LA RÉVOLUTION CONCENTRE SES EFFORTS SUR L'AUTRICHE 67

BISMARCK ET LA TRANSFORMATION DE L'EUROPE CENTRALE 73

LA COMMUNE ET LA HAINE ÉTERNELLE 87

1914-1918 .... **107**

LA GUERRE MONDIALE **107**

1919 LE TRAITÉ DE PAIX - LE BOULEVERSEMENT DE L'EUROPE ET LA SOCIÉTÉ DES NATIONS **125**

LES PRODROMES DU BOLCHEVISME - L'AVÈNEMENT DU CAPITALISME EN RUSSIE. **139**

LA RÉFORME ÉCONOMIQUE DE STOLYPINE **145**

L'ŒUVRE DE STOLYPINE - CAPITALISME ET PROPRIÉTÉ .. **161**

STOLYPINE ET LA QUESTION JUIVE **175**

LA RÉVOLUTION DE MARS 1917 .... **185**

DE KERENSKY À LÉNINE **201**

LÉNINE **213**

LE COUP D'ÉTAT DE NOVEMBRE 1917 - LE TRIOMPHE DU BOLCHEVISME **237**

À la mémoire du Comte Emmanuel Malynski décédé à Lausanne le 17 mai 1938.

PRÉFACE

EMMANUEL MALYNSKI

Emmanuel Malynski a passé trente années de son existence à observer sur place, à travers le monde, l'évolution du mouvement révolutionnaire moderne et il a mis au service de cette observation une intelligence d'une lucidité presque visionnaire.

Né et élevé en Pologne russe à une époque où l'organisation sociale était encore presque féodale, il a vu la naissance et le développement du capitalisme industriel qui a abouti au bolchevisme. Pratiquement, il a ainsi vécu plusieurs siècles d'histoire, car cette évolution a débuté chez nous à la Renaissance pour n'acquérir son plein épanouissement qu'après la révolution française.

Il a vu sur place l'effondrement du tsarisme et il a assisté en témoin au triomphe du bolchevisme. Redevenu Polonais à la suite de la reconstitution de la Pologne, il a vu l'application des réformes agraires qui ont suivi la grande guerre.

Homme de sport, escrimeur réputé, pilote d'avion de la première heure, parlant et écrivant plusieurs langues avec une égale perfection, doué d'une culture prodigieuse et universelle, il n'est pour ainsi dire pas un coin du monde qu'il n'ait visité et étudié. Des Indes au Japon, il a parcouru l'Asie millénaire avant qu'elle ne fut complètement bouleversée par le contact de l'Occident. Il a observé sur place en Amérique les étapes du capitalisme et de l'industrialisme triomphant ; Il a connu tous les principaux ghettos d'Europe orientale, il a vu ceux de New-York et il est allé en Palestine observer le sionisme à l'œuvre.

Il a regardé toutes choses avec l'objectivité d'un penseur qui observe *sub specie Æternitatis* et ses conclusions sont parmi les plus profondes qui aient été formulées sur la crise du Monde Moderne.

Des années à l'avance, il a prévu et annoncé tout ce qui se réalise aujourd'hui, tellement en avance sur la pensée contemporaine qu'il est alors resté incompris.

Un des tout premiers, avant même les célèbres études de Max Weber et de Werner Sombart, il a saisi l'essence profondément judaïque du capitalisme moderne et démontré les affinités qui l'unissent au Bolchevisme.

Un des tout premiers, il a su voir l'appui involontaire que certains nationalismes suraigus apportaient à la subversion internationale.

Un des premiers, il a pénétré l'essence métaphysique du mouvement révolutionnaire, montrant qu'il s'agissait d'une guerre religieuse, du choc séculaire et international de deux conceptions antagonistes du monde.

* * *

En 1935, vieilli et affaibli par une grave maladie, il m'avait confié la tâche de continuer et mettre au point son œuvre interrompue. À cet effet, il m'avait remis les observations, notes et manuscrits, articles et livres qu'il avait accumulés au cours de toute une vie de voyages et d'études, me laissant carte blanche pour leur utilisation. De notre collaboration est né ce livre qui traite l'histoire secrète de la subversion, l'histoire terrible qui n'a jamais été écrite, mais qui commence à s'entrouvrir.

J'aurais pu en étayer les affirmations sur des preuves documentaires, mais cela aurait trop alourdi un texte déjà nourri.

Ceux qui le désirent trouveront la plupart de ces preuves dans mes autres ouvrages.[1]

* * *

Ce livre, par la nouveauté des aperçus historiques et par l'audace raisonnés des conceptions de Malynski, a suscité des enthousiasmes passionnés et des critiques violentes, ainsi qu'en témoignent de nombreuses lettres de lecteurs reçues à ce sujet. Il aurait été intéressant d'en publier quelques-unes et d'y répondre, mais cela aurait nécessité une longue étude et aurait allongé par trop un livre déjà dense.

Je me suis borné finalement à le rééditer sans y rien changer, me réservant de le compléter par un nouvel ouvrage qui ne sera plus comme celui-ci l'histoire des principes révolutionnaires dans le monde moderne mais l'étude des principes eux-mêmes. Ainsi, fidèle à la mémoire du Comte Malynski, je m'efforcerai d'achever son œuvre et de la perpétuer dans l'avenir.

Léon de Poncins. *Août 1938.*

---

[1] Dans *S.D.N., Super État Maçonnique*, j'ai utilisé un passage de *La Guerre Occulte* cadrant admirablement avec le texte maçonnique qui forme le fond de l'autre ouvrage. Ceux de nos lecteurs qui s'intéressent au chapitre traitant de la Conférence de Paris en trouveront toutes les preuves documentaires dans *S.D.N. Super État Maçonnique*, paru en 1936 aux éditions Beauchesne.

LE XIXe SIÈCLE
LA RÉVOLUTION EN MARCHE

Toute l'histoire du XIXe siècle est marquée par l'évolution du mouvement révolutionnaire qui va de 1789 au bolchevisme russe.

Cette lutte souterraine commença avec la Révolution française que soutinrent les « Illuminés » rassemblés au « convent » de Wilhelmsbad sous la présidence du professeur bavarois Weishaupt.

Un quartier de la place assiégée déjà depuis quelques dizaines d'années, car elle l'était depuis Voltaire, Rousseau, l'Encyclopédie et la diffusion des Loges, et un des plus beaux quartiers, fut enlevé d'assaut et ses habitants furent mobilisés pour attaquer les quartiers environnants.

Comme cela arrive dans les véritables sièges, cette partie de la cité fut reprise par les autres assiégés après des combats acharnés qui forment l'épopée napoléonienne.

Les assiégeants se retirèrent et rentrèrent dans leurs repaires. Mais ils laissèrent dans la place un germe d'infection qui y demeura, et la France fut pendant le XIXe siècle l'enfant terrible de l'Europe. C'est en France que prenaient naissance les révolutions, sous le pseudonyme des idées libérales, nobles et généreuses, dont la réalisation graduelle modifiait insensiblement, au profit des éléments révolutionnaires, au premier rang desquels il faut placer les Juifs, la face du monde chrétien et la structure interne de la Société. Toute l'histoire profonde du XIXe siècle jusqu'à la guerre mondiale, fut l'histoire de cette lutte sourde et muette la plupart du temps entre les assiégeants qui savaient ce qu'ils faisaient et les assiégés qui ne se rendaient pas compte de ce dont il s'agissait.

Ce processus a duré exactement un siècle et deux années, 1815-1917, et il a abouti à deux résultats :

Le premier a été la conversion de la sixième partie du globe habité en un foyer révolutionnaire imprégné de F∴-M∴ et de Judaïsme, où l'infection mûrit et prend conscience des forces qu'elle organise en toute sécurité en vue de la deuxième partie du programme.

Le deuxième a été la transformation du reste de la planète en un milieu flasque, désarticulé et divisé intérieurement - comme la maison dont parle le Christ - par d'irascibles rivalités et haines de clochers. Il l'a rendue incapable de toute initiative d'ordre offensif et même défensif contre un ennemi dont les forces et l'audace se sont considérablement accrues et qui, sûr désormais de son immunité, peut attaquer toujours sans risque d'avoir jamais à se défendre lui-même.

En définitive, cela a été l'élaboration d'un milieu mondial à ce point dominé par le capitalisme, anémié par la démocratie, détraqué par le socialisme et divisé par les nationalismes, qu'il n'est plus capable d'opposer la moindre résistance à cette attaque.

En 1813, l'Europe traditionnelle et chrétienne se décida enfin à réagir solidairement contre la Révolution personnifiée par Napoléon. C'était bien contre la Révolution, non contre la France, en d'autres termes, comme si l'on disait contre la maladie dont est affectée une personne, non contre cette personne elle-même. La meilleure preuve qu'il en a été ainsi, c'est que le Congrès de Vienne n'a nullement abusé de sa victoire envers la France vaincue, qui n'a rien perdu de son territoire intégral en redevenant une grande monarchie honorable et honorée.

Le monarque de droit divin de l'Europe ne faisait que réparer la faute capitale qui avait failli leur coûter leurs couronnes et qui aurait plongé leurs peuples dans les convulsions démocratiques un siècle avant le terme fixé par le destin.

Cette faute a consisté en ce que tous les monarques ont rivalisé de myopie avec Louis XVI lui-même. Ce souverain continuait à ne voir que des mouvements accidentels de révolte, dus à des mécontentements occasionnels, dans ce qui était le commencement de l'ère révolutionnaire. Eux aussi n'avaient pensé qu'à des rivalités de clochers nationaux alors qu'ils auraient dû se mettre tous d'accord comme un seul homme et oublier leurs différends chroniques, qui n'étaient comparativement que des discordes de famille, pour écraser dans l'œuf, et avant qu'il ait pu en sortir et rayonner, le péril qui menaçait le monde. Comme trop de nos contemporains, ils ne semblaient pas se rendre compte qu'un nouveau chapitre s'ouvrait dans l'histoire.

La guerre par excellence du XIXe siècle sera celle des couches sociales superposées ; la guerre de la démocratie universelle contre l'élite universelle ; la guerre du Bas contre le Haut ; et la guerre du Très Bas contre le Très Haut en sera généralement le corollaire logique. Là où la démocratie aura triomphé, le Bas sera devenu le Haut et aura à se défendre contre quelque chose de plus Bas, lequel à son tour sera dans la même situation aussitôt arrivé au pouvoir et aux honneurs. Ce sera toujours en principe la guerre de la démocratie contre l'aristocratie relative et il en sera fatalement ainsi jusqu'au jour où l'on aura touché le fond.

Seule, jusqu'à présent, la Russie est arrivée à ce zéro absolu, au-dessous duquel il n'y a plus rien ; aussi est-elle le seul pays dans l'histoire où la Révolution reste stationnaire et ne s'étend plus en profondeur, et où les purs ne trouvent plus de plus purs qu'eux-mêmes pour les épurer. La Révolution bolcheviste ne s'étend plus qu'en largeur et il ne saurait en être autrement.

À notre affirmation, que la Révolution bolcheviste a atteint l'ultime degré de la profondeur, on pourrait nous répliquer qu'il n'en est point ainsi puisqu'elle n'a pas gagné la majorité du peuple russe dans ses couches précisément profondes.

Ceux qui se serviraient de cet argument et seraient sincères, - car nombreux sont ceux qui l'utilisent pour ne pas laisser percer la vérité, - prouveraient qu'ils en sont encore à voir dans la révolution moderne, ou dans la démocratie qui la continue, une manifestation « du peuple par le peuple et pour le peuple ». La réalité est que la révolution et la démocratie ne sont que les moyens employés dans l'ensemble d'un plan de conspiration générale, pour arracher le pouvoir sur le peuple au groupe et à l'idée positivement aristocratique qui sont au-dessus et en dehors de la majorité du genre humain.

La révolution bourgeoise et la démocratie, ou la révolution sociale et le communisme, ne sont que les étapes du duel gigantesque entre deux principes personnifiés, l'un par le christianisme intégral, l'autre par l'anti-église. Et si Satan s'est révolté au nom de la liberté et de l'égalité avec Dieu, cela n'a pas été seulement pour « ne pas servir », mais pour asservir en se substituant à l'autorité légitime du Très-Haut.

Le peuple n'est donc pas le sujet, mais l'objet dans cette évolution du prétendu progrès démocratique, entrecoupé de révolutions violentes qui en accélèrent la marche.

On a encore en vue toute la hiérarchie humaine, quand on commence à se détourner du Christ : Renaissance. On a en vue les Princes et les Rois quand on se détourne du Pape et de l'Empereur : Réforme. On a en vue la bourgeoisie quand on se retire de la noblesse des Rois et des Princes qui constituent les cimes : Révolution française. On a en vue le peuple quand on dépasse le plan de la bourgeoisie : 1848-1917. On n'a plus en vu que la lie guidée par le Juif, quand on a dépassé les masses : 1917.

Quand la révolution sera parfaite, en profondeur comme elle l'est déjà en Russie, et en largeur comme elle ne pourra l'être que lorsque le monde deviendra semblable à l'empire déchu des tsars, elle ne s'occupera pas davantage de ce que pense le peuple, que nous ne nous occupons de ce que pourraient bien avoir en tête nos moutons ou nos bœufs, puisque nous savons que quelques pièces d'artillerie suffiraient pour exterminer, sans le moindre danger pour nos personnes, tous les fauves de la brousse réunis.

LA SAINTE ALLIANCE METTERNICH, CHAMPION DE LA CONTRE RÉVOLUTION

Parmi nos contemporains peu nombreux sont ceux qui, après un siècle d'expériences cruelles et de déceptions concluantes, comprennent encore le véritable sens de la révolution et de la démocratie. En conséquence nous ne devons pas nous étonner que les alliés de 1815, pour lesquels le monstre était une nouveauté, aient eu des idées assez peu claires sous ce rapport.

Cependant, le plus intelligent parmi leurs hommes d'État, l'homme le moins myope du XIX_e siècle, le prince de Metternich, semblait se rendre compte du cauchemar épouvantable qui menaçait l'avenir. Et il ne cessa jamais de faire tout ce qui était en son pouvoir pour que le congrès de Vienne ne fût pas uniquement un beau coucher de soleil pour les rois.

Seul, au sein de cette assemblée, pourtant exclusivement composée d'aristocrates, il sut se hausser au-dessus des intérêts immédiats de son pays en essayant de constituer un front unique et permanent, moins contre le danger du dehors proprement dit que contre le danger intérieur qui menaçait toutes les nations européennes.

Les précautions prises contre la possibilité d'un retour de Napoléon visaient moins le grand capitaine que l'homme qui du rocher de Sainte-Hélène se proclamait « le Messie de la Révolution », dont la démocratie faisait sienne la légende et confisquait les lauriers pour cacher ses guenilles sordides sous un manteau d'épopée.

Metternich n'en voulait pas à la France, à la vieille France traditionnelle des Bourbons, mais il se défiait du pays où la mentalité nouvelle paraissait avoir établi ses quartiers généraux. L'avenir devait se charger de démontrer, combien il avait raison.

Ce n'est pas en vain qu'il avait vu se dérouler sous ses yeux le drame de la Révolution française. Cette leçon qui a été perdue pour tant d'autres, ne le sera pas pour lui. Il avait vu la Constitution « libérale et éclairée » paver le chemin de la Gironde et de la Terreur, débuter par les accolades et finir par les décollades. Il avait vu que le libéralisme n'est que le marchepied du jacobinisme et il ne se faisait pas d'illusions sur les belles phrases sonores qui fascinent les esprits faibles et suggestibles.

Parce qu'il fut clairvoyant, il n'a jamais cessé d'être la bête noire par excellence des « cœurs nobles, sensibles et généreux » qui communient dévotement dans les « immortels principes » des « géants » sans foi ni loi de la Révolution française. Ils osent lui reprocher aujourd'hui encore, après tant de preuves nouvelles à l'actif de ses idées, d'avoir mis dans le même sac le jacobinisme avec le libéralisme, la libre pensée et le principe des nationalités, sous le vocable de secte, de peste et de volcan.

Il ne fut pas aussi aveugle que beaucoup de nos conservateurs et aristocrates contemporains. Ceux-ci après tant d'occasions d'observer ces symptômes, dans leur apparente diversité, - si savamment étagée afin de ne choquer que progressivement et à petites doses, - n'en ont pas vu l'unité, ainsi que les liaisons de causes à effets qui existent, depuis plus d'un siècle, entre ces choses, qu'on ne cherche à diversifier que pour tromper les myopes, en les affublant de noms différents : libéralisme, humanitarisme, tolérance, libre-pensée, modernisme, constitutionnalisme, parlementarisme, préludes idylliques du jacobinisme, du radicalisme, du communisme du Comité de Salut Public et de la Tchéka.

La supériorité de Metternich sur tous les hommes d'État de son siècle - sans parler du nôtre - consiste précisément en ce qu'il voyait l'unité, la synthèse du mal de l'avenir. Ayant constaté ce front unique aux dénominations les plus diverses, il essaya de grouper tous les siens, tous ceux que la Révolution gardait comme les futurs « ci-devant » en un front unique sans distinction de nationalité, à opposer au premier sur toute la surface de l'Europe.

C'était une innovation inédite et créatrice dans le domaine politique, qu'on peut résumer en ces quelques mots : « désormais en Europe plus d'ennemis à droite », et ce qui en est le corollaire : « tout ce qui est à gauche, ou seulement hors de la droite intégrale, est l'ennemi ».

Sur ce terrain, Metternich se rencontre avec Lénine, mais il ne se rencontre avec aucun des conservateurs contemporains.

Les deux autres hommes d'État de cette période que les manuels d'histoire placent au même niveau, Cavour et Bismarck, furent, l'un un grand Italien, l'autre un grand Prussien, tout au plus un grand Allemand, tandis que Metternich fut moins un grand Autrichien qu'un grand Européen. Imbu des traditions du Saint Empire dont les ancêtres de son souverain furent les titulaires pendant plusieurs siècles, il fut, dans le domaine politique, le seul grand Européen peut-être depuis Charlemagne. Il n'était pas de la race de ces insensés qui considèrent comme le comble de la finesse diplomatique de regarder avec complaisance l'incendie se déclarer dans la maison d'un voisin gênant, sans se rendre compte qu'ils sont venus au monde à une époque où toutes les maisons de la cité européenne recèlent des matières explosibles dans leurs sous-sols et que la leur n'est pas une exception à cette règle.

Ce n'est pas lui qui se serait fait l'allié des carbonari et des francs-maçons comme l'a fait Cavour pour servir les intérêts immédiats d'un clocher patriotique. En concluant ce pacte avec la subversion, Cavour plaçait l'Italie reconstituée sur une pente fatale qui devait la conduire au bolchevisme. Elle aurait été déjà submergée si un véritable miracle, que Cavour n'avait pas pu prévoir, ne l'avait sauvée, contre toute espérance, au moment où tout semblait perdu.

Metternich n'aurait pas encouragé un régime républicain et démocratique chez une nation voisine, sous le prétexte que celle-ci était une rivale éventuelle qu'il était habile d'affaiblir et d'avilir.

Bismarck, pourtant monarchiste et conservateur, l'a fait avec la France. Puis, auxiliaire inconscient de la subversion, il n'a trouvé rien de mieux que de faire la guerre à l'Église catholique et de se mettre en rapport avec le Juif Lassalle. Le socialisme d'État de celui-ci prétendait ne pas être international et aurait été susceptible de renforcer la centralisation administrative et économique de l'empire allemand.

Il en aurait été ainsi jusqu'au jour où cette centralisation aurait été parfaite. Alors un simple changement de personnel aurait suffi pour transformer cet empire, gouverné par une oligarchie aristocratique apparemment plus puissante que jamais, en une république gouvernée bien plus despotiquement par une oligarchie juive.

Ce processus, Lénine le décrit dans ses ouvrages, et ce même Lassalle le laisse sous-entendre dans sa correspondance avec son coreligionnaire Karl Marx.

Le nationalisme conduit à son propre suicide quand il arrive à ce degré d'intensité et de densité.

Metternich voyait le danger suprême mais il était seul à le voir, c'est pourquoi il se défiait plus ou moins de tous, en commençant par la France et en finissant par la Russie. Pouvait-il en être autrement lorsqu'il se rendait compte qu'il était le seul à avoir mis le doigt sur le point d'intersection de tous ces nerfs qui détraquaient la société de son époque ?

À quoi tient-il alors qu'un plan d'ensemble qui a été l'œuvre d'une aussi exceptionnelle prévoyance et d'une appréciation aussi juste du caractère synthétique de l'époque, n'ait pas donné les résultats qu'on était en droit d'espérer ?

Avant de répondre à cette question, empressons-nous de dire qu'il serait peu équitable de ne pas considérer comme un résultat et comme un grand bienfait pour les peuples, la paix ininterrompue dont l'Europe chrétienne a joui de 1815 à 1853. Pendant ce laps de temps il n'y a eu ni guerre, ni alertes sérieuses, ni cette tension nerveuse entre les nations, qui détraque, à la longue, les nerfs de nos contemporains.

Une pacification complète de quarante années consécutives est un beau record et c'est à la conception de Metternich, à une conception antidémocratique des rapports internationaux, que nos grands-pères en furent redevables. C'est certainement beaucoup, mais cela aurait pu être mieux.

La raison de la faillite finale de l'œuvre élaborée à Vienne réside dans le fait qu'un programme ne peut donner son entière mesure que lorsqu'il est intégralement adopté et exécuté, jamais quand il est, ne fût-ce que partiellement, une sorte de compromis. Or, bien qu'infiniment plus conséquente et plus entière que celles de tous les congrès et conférences postérieures, l'œuvre da congrès de Vienne n'en a pas moins été un compromis entre la conception du chancelier autrichien et les idiosyncrasies de ses partenaires.

La thèse de Metternich était une alliance défensive et offensive de tous les monarques chrétiens et absolutistes de l'Europe. Ils devaient se considérer comme pères à l'égard de leurs peuples et comme frères les uns à l'égard des autres. Ils devaient se garantir mutuellement les frontières déterminées par le traité afin d'éviter toutes discordes et concentrer l'effort commun contre toute tentative subversive qui aurait pu mettre en péril, ou seulement en question, la position des souverains absolus et du droit divin de chacun d'eux. C'était le « chacun pour tous, tous pour chacun » des rois ; en un mot, l'Internationale blanche, la Société des Nations de la Droite, la contrepartie impériale et royale anticipée du rêve démocratique du président Wilson.

Depuis son origine, la Sainte-Alliance était vouée à un échec pour deux raisons qui, au fond, n'en constituent qu'une seule. Cependant, nous les traiterons séparément.

La première contient en puissance la seconde. Elle a un caractère synthétique et c'est par elle que nous commencerons.

Si nous nous transportons en pensée sur ces rives du Danube bleu de l'année 1815, où naquit la Sainte-Alliance, nous constaterons avec stupeur qu'au milieu de ses parrains si éminemment distingués quelqu'un manquait. C'était précisément celui qui logiquement, aurait dû être la clé de voûte du nouvel édifice politique et social. C'était « la pierre de l'angle » dont parle le Christ dans l'Évangile, hors de laquelle point n'est possible de bâtir l'unité dans la diversité qu'ambitionnait être la Sainte-Alliance. C'était la pierre, nous devrions dire Pierre, qui a été l'unité dans la diversité des nations chrétiennes, depuis Constantin le Grand jusqu'à Luther, Calvin et leurs disciples.

Depuis la fin du XVe siècle il n'y a plus eu d'unité spirituelle, mais un ensemble de diversités à base confessionnelle ou idéologique.

La réforme a été la première offensive révolutionnaire, le premier attentat contre l'Ordre au sommet duquel est la Foi, non la Force seule, sans autre critérium qu'elle-même. Nous voulons dire la Foi qui, au besoin, se sert de la Force, mais qu'il ne faut pas confondre avec la Force qui cherche à créer artificiellement une Foi pour s'en servir. Entre ces deux concepts il y a un abîme.

Si la réforme ou révolution religieuse n'a pas tué le Droit divin dans sa Lettre, elle l'a tué dans son Esprit, laissant le deuxième acte de la besogne subversive à la révolution sociale et politique. Elle l'a tué dans ce qui constitue la garantie constitutionnelle des régimes absolutistes et gît dans l'existence de la Loi morale dérivée de l'Évangile.

Cette loi morale qui est la suprême ressource de l'homme, de l'individu autonome, contre la Force, ou, ce qui revient au même le nombre, a une valeur absolue et universelle. Elle est partout et toujours, dans l'espace et dans le temps, au-dessus des prétendus caprices des masses, aussi bien qu'au-dessus des caprices des princes et des élites.

Dire que l'autorité est nécessaire à l'ordre, ce n'est avoir raison qu'à demi. Il faut encore que l'autorité repose sur quelque chose d'immuable et d'universel, non sur ce qui est vérité aujourd'hui, erreur demain (nationalismes). Autrement il y aura nécessairement conflit entre la vérité d'aujourd'hui et celle de demain, entre la vérité d'ici et celle de là-bas. Dans ce cas, quelque paradoxal que cela paraisse, plus fortes seront les autorités locales et temporelles, plus convaincues elles seront de leurs vérités respectives et plus grande sera l'anarchie universelle. C'est ce que nous constaterons si nous contemplons aujourd'hui le monde à vol d'oiseau et ne nous bornons pas à analyser à la loupe ce qui se passe sur quelques kilomètres carrés pendant une saison.

Pour que l'Autorité repose sur quelque chose de solide, il faut qu'elle repose sur le Droit divin. Il n'y a que cela de solide et de permanent, comme Dieu lui-même.

Le Droit divin, comme son nom l'indique, ce n'est pas le droit des rois, ce n'est pas le droit du pape. C'est le droit du Dieu chrétien, tel qu'il a été manifesté par Sa loi. Les chefs d'États n'en sont que les vicaires, le pape n'en est que le premier vicaire. Joseph de Maistre, contemporain du Congrès de Vienne, n'a eu, lui aussi, raison qu'à demi, lorsqu'il a suggéré que le pape doit être le Modérateur des Rois.

Le pape et les rois ne sont que les interprètes de la loi, chacun dans son domaine et dans ce sens ils en sont souverainement les exécuteurs ; Mais le pape n'en est pas moins le seul signe visible de ralliement, puisqu'il est celui de l'unité dans la diversité, c'est-à-dire de ce qui est vrai et immuable dans l'espace et dans le temps.

C'est en cela que consiste l'essence du Droit divin.

On nous répliquera que les monarchies de Droit divin ont à leur origine des coups de force. Assurément, mais si ces coups de force sont devenus des Droits divins, ou plutôt le Droit divin, c'est qu'ils se sont subordonnés à ce droit qui est un devoir en même temps qu'un droit. Ils sont par cela rentrés dans l'ordre universel et immuable de la grande bergerie, du même credo et du catéchisme uniforme qui est le credo en action. En faut-il davantage dans la pratique ?

À l'antipode du Droit divin se trouve la Volonté nationale, qui est précisément vérité ici, erreur là, vérité aujourd'hui, erreur demain.

Les rois qui ont opté pour la Réforme ont voté pour ce qui devait éliminer le principe en vertu duquel ils règnent par la grâce de Dieu. Voulant se libérer du joug de la Parole de Dieu, ils sont tombés sous le joug des paroles incohérentes des hommes. Sans s'en apercevoir, ils ont donné leur droit d'aînesse pour un plat de lentilles en troquant leur Droit divin contre la Volonté nationale.

L'œuvre de démolition commencée par le protestantisme sera continuée par le philosophisme, l'athéisme, le démocratisme, le civisme, le socialisme, le nationalisme et le capitalisme.

Avec l'avènement de la Réforme le Droit divin aura vécu. Pendant quelque temps il sera encore une virtualité, pareil à ces astres éteints ou disparus, dont la lumière nous arrive encore ; mais il ne sera plus une réalité.

La révolution était déjà contenue dans la Réforme, l'une et l'autre étant dans le rapport direct de cause à effet. Dans les pays où la Réforme a triomphé, il n'y a même pas eu de révolution apparente, mais une évolution latente et progressive qui a abouti au même résultat, à l'adoration des abstractions et des idées, se substituant à Dieu en une sorte de Droit divin mythologique.

Le sommet de ce Droit nouveau n'étant pas ce qui est le plus haut, mais bien ce qui est le plus bas, c'est exactement et textuellement le manoir à l'envers.

La Sainte Alliance

NATIONALISME ET UNIVERSALISME

Pas plus que nos arrière-grands-pères, nos contemporains et ceux même qui sont personnellement les plus menacés par la subversion, ne comprennent encore que pour réagir efficacement contre le péril mondial, ce n'est pas à la mentalité du XVIII$_e$ siècle, ni à celle du XVII$_e$ ou du XVI$_e$ qu'il faut revenir, mais à l'esprit des croisades.

Est-il nécessaire d'ajouter que ce n'est pas aux chandelles de suif, aux diligences, au servage des paysans et aux persécutions des sorcières qu'il faut revenir, mais à cet esprit qui avait su faire pour le bien ce que la subversion sait faire aujourd'hui pour le mal : un seul front de la chrétienté présidée par son chef, un seul bloc hérissé de lances, formé en carré et tourné contre l'Infidèle, qui est un, bien qu'il soit partout et que, pareil à ces insectes tropicaux, il sache prendre la couleur spécifique des feuilles qu'il ronge et des milieux où il se trouve.

La Restauration, et c'est là sa faiblesse, n'a pas été, à proprement parler, une contre-révolution qui fait table rase de tout ce qui a été fait.

Tout au contraire, oublieuse de l'avertissement évangélique, cette pâle et prudente réaction s'est évertuée à mettre le vieux vin de la royauté traditionnelle, qui avait sculpté le royaume de France, dans les outres neuves et ensanglantées qu'avaient laissé les régicides.

Le résultat, comme nous le savons, a été celui que prévoit l'évangile. C'était déjà ce programme, principalement défensif, qui n'a pas fêté de triomphes, seulement des désastres, ce programme des « modérés » qui freinent, qui se font lourds, mais ne font jamais carrément volte-face et machine arrière, de sorte que ceux qui les suivent finissent toujours par leur marcher sur le corps.

Seule, l'Autriche, en 1815, était dans la vérité pratique et réaliste de l'histoire. Elle seule voyait, par les yeux de son chancelier, que contre un plan de conspiration historique qui date de bien plus loin que 1789, et de conspiration totale, puisqu'il était religieux et profane, il fallait une réaction totale et non partielle, réaction qui ne soit pas dirigée seulement contre le symptôme immédiat.

On ne guérit pas d'un poison en administrant ce même poison délayé dans de l'eau sucrée.

La Maison qui appelle aujourd'hui à son secours les descendants spirituels des assassins de Louis XVI, pour qu'ils la défendent contre les assassins de Nicolas II, comment peut-elle ne pas périr ? Et de même la Maison européenne de 1815, qui a appelé à son secours les descendants spirituels des meurtriers de Charles Ier, pour la défendre contre les assassins de Louis XVI, comment aurait-elle pu, finalement, ne pas s'écrouler ?

Depuis que la robe sans couture du Christ a été déchirée par la réforme sur laquelle sont venues se greffer les xénophobies aiguës des nationalismes modernes, avec leurs égoïsmes myopes dont ne profite que l'ennemi commun, l'Europe chrétienne est devenue inorganisable. Elle ne peut plus devenir une unité dans la diversité, quel que soit le soin que l'on prenne pour respecter ces diversités d'ailleurs respectables. Les imbéciles ont beau crier sur les toits que la religion n'est plus rien ; la religion est tout et tout le reste en procède. Voilà pourquoi la Sainte-Alliance n'a pu être la continuation du Saint-Empire.

La Sainte-Alliance est au Saint-Empire, comme la Société des Nations est à la Sainte-Alliance.

La Société des Nations, elle, sera une démagogie de démagogies, une incohérence d'incohérences. Elle sera donc une démagogie et une incohérence à la deuxième puissance, en d'autres termes, un parlement de parlements, une nation de nations, une foule de foules.

Cependant, la Sainte-Alliance n'était même pas à mi-chemin entre le Saint-Empire et la Société des Nations. Elle était plus près de cette dernière car, ne l'oublions pas, deux de ses partenaires, la France et l'Angleterre étaient déjà constitutionnelles et avaient des parlements avec lesquels les dirigeants devaient compter.

Pour résumer, le mal dont devait mourir la Sainte Alliance était un mal originel, inhérent à cette date dans l'histoire et contre lequel personne en 1815 ne pouvait rien, car on ne pouvait supprimer rétrospectivement Luther et Voltaire, Calvin et Rousseau. Ce sont les mânes de ces morts, ainsi que ceux de Cromwell et de Robespierre, réunis contre l'ennemi commun, qui devaient tuer la Sainte-Alliance, parce qu'elle n'avait pas su les tuer une deuxième fois dans leurs tombeaux.

Le signe extérieur de ce péché originel était l'absence du Pape.

Ce signe de ralliement et d'unité manquait. Seul sur cette terre il est en droit de prétendre être au-dessus de tout et de flotter comme un oriflamme commun, sans que personne ici-bas ait de quoi se sentir humilié ou rabaissé, parce qu'il n'est qu'un principe moral sans défense, un vieillard désarmé qui représente Celui dont « le royaume n'est pas de ce monde ».

Lorsque le Pape n'est pas là pour dire *pax vobiscum*, au milieu du silence des têtes et des couronnes inclinées, c'est à qui chantera le plus fort de façon à ce qu'on n'entende pas le voisin, celui-ci *Rule Britannia*, celui-là *France d'abord*, l'un *Italia sopra tutto*, l'autre *Deutschland über Alles*.

La Sainte-Alliance en naissant portait une maladie mortelle dans ses flancs. Comme nous allons le voir dans la suite de cet ouvrage, les deux États issus de la Réforme et celui qui nourrissait le souvenir de la Révolution furent ses enfants terribles, jusqu'à ce qu'ils l'eurent mise en pièces. Ce processus dura quelque temps, même quarante années, mais de plus en plus le vide se fit ; insensiblement la Sainte Alliance, ou ce qui en existait encore sur le papier devenait un mythe dont la seule réalité palpable était l'Autriche.

Avec ses royaumes, ses principautés et ses comtés, avec ses peuples, ses langues et ses races, pacifiquement groupés sous le même sceptre, cette survivance du Saint-Empire, ne réalisait-elle pas déjà en elle-même, dans des proportions réduites, le type et le caractère d'une Sainte-Alliance, où le catholicisme à la primauté sur le nationalisme.

Politiquement autant que religieusement, elle était donc catholique par excellence et c'est pourquoi elle était la cible des haines combinées de tous les protestantismes, nationalismes et démocratismes.

Seule l'Autriche pouvait continuer à être la protagoniste de la Sainte-Alliance, qu'elle confondait avec le Saint-Empire sans avoir pu y faire rentrer le Pape, car que pouvait-elle contre trois et même quatre ?

Il en a été ainsi jusqu'au jour où, comme c'était inévitable, ses anciens partenaires se sont rués sur elle. La voix des affinités historiques - libérées des contingences et de l'accident qui avaient fait la Sainte-Alliance et réchauffées par l'action inlassable de la subversion moderne - avait enfin parlé. Elle avait été refoulée par la peur pendant quarante années, mais le naturel chassé était revenu au galop.

La Révolution de 1830 marque l'échec historique de la Sainte-Alliance.

Examinons maintenant, au point de vue de l'analyse et en tenant compte de ce qui vient d'être dit, pourquoi la conception de Metternich a finalement échoué, après avoir donné aux peuples quarante années d'accalmie féconde.

La grande pensée salvatrice de Metternich a fait finalement faillite, parce qu'en dépit des accords signés, le front unique contre le retour de la révolution n'a existé que sur le papier. Si la clause la plus importante de ces accords, le droit, ou plutôt le devoir d'intervention avait fonctionné, il est assez probable qu'il n'y aurait pas eu, après 1789, liquidé par 1815, l'année 1848, ni par suite de cela, car tout s'enchaîne, l'année 1866, puis l'année 1870 et finalement les années 1914 et 1917, suivies du marasme mortel dans lequel nous agonisons pour la plus grande gloire du triangle maçonnique et de l'étoile d'Israël.

Si la solidarité des rois, alors qu'ils étaient encore à peu près les maîtres de la situation, avait été semblable à la solidarité des Juifs, ceci n'aurait pas tué cela. Mais en dépit des leçons de la Révolution française, les monarques se remirent, aussitôt après la conjuration du danger immédiat, à penser et à agir comme au XVIII$_e$ siècle, c'est-à-dire selon les opportunités immédiates et particulières.

Ce fut la France qui donna le premier coup de canif au contrat de Vienne si nous omettons, car au point de vue de notre sujet, ils sont moins intéressants, le cas de la Belgique et celui des colonies espagnoles de l'Amérique du Sud.

La Révolution de 1830 était un cas prévu par le principe d'intervention. Les monarques légitimes « par la grâce de Dieu » s'étaient mutuellement garantis leur légitimité.

Or, voici que l'insurrection chassait un roi légitime « par la grâce de Dieu », donc un souverain que Dieu seul pouvait rappeler à lui, ou, à défaut, son successeur légitime. Celui-ci existait, et cependant, ce fut un autre qui fut choisi.

Cet autre réalisait le type de la mentalité du « juste milieu », mentalité bourgeoise et médiocre par excellence. Il représentait à la fois dans sa personne la tradition royale et la tradition révolutionnaire.

Il avait été choisi parce que tel était le bon plaisir du peuple : roi des Français, non roi de France, c'est-à-dire non propriétaire héréditaire de la France, mais plutôt premier fonctionnaire du pays. Comme tout fonctionnaire il était donc révocable.

Officiellement même il n'était plus roi « par la grâce de Dieu », mais « par la volonté nationale », formule nouvelle à laquelle il suffit de réfléchir pour voir que ce qu'elle exprime n'est plus la monarchie, mais la république travestie en monarchie. C'est une royauté qui est en quelque sorte vidée du principe qui en est la raison d'être.

Il ne s'agit pas là d'une simple nuance de formules sans importance, mais d'un abîme entre deux mondes, celui de la logique et celui de l'illogique. Logiquement ce qui est au-dessus ne peut pas être subordonné automatiquement à ce qui est au-dessous, sans cesser d'être au-dessus. L'assertion que le Peuple ne serait pas constitué par les hommes du peuple mais qu'il serait une entité quasi-métaphysique en dehors de tous et au-dessus de tout, est une subtilité sophistique, ou, si nous parlons plus simplement, une mauvaise plaisanterie.

Cette assertion est infiniment périlleuse, en dépit de sa modération apparente et calculée de façon à ne pas effaroucher les milieux moyens. Nous ne devons pas oublier que les socialistes et les bolchevistes eux-mêmes ne disent plus en principe autre chose : les ouvriers dans les contrées industrielles comme l'Angleterre, les paysans et ouvriers dans les contrées rurales comme la Russie, constituent la majorité du peuple, donc, selon la vertu démocratique du nombre, le Peuple avec majuscule.

Une fois la thèse de la volonté du peuple origine du pouvoir admise, il n'y a plus d'abîme à franchir pour atteindre théoriquement jusqu'au bolchevisme ; rien qu'un développement logique et progressif de la doctrine. C'est entre « par la grâce de Dieu » et « par la volonté nationale » que se trouve l'abîme et c'est à partir de là que commence le plan incliné : toute l'histoire du XIXe siècle en est la démonstration.

Cet abîme, la France a été la première sur le continent, si nous ne comptons pas la Suisse, à le franchir, pour la deuxième fois, en 1830. Ce fut, en fait, une récidive de la Révolution, mais si discrètement accomplie qu'on n'en envisagea pas les conséquences et l'on ne se douta pas qu'en principe elle avait cessé d'être une monarchie.

Avec la réintégration du drapeau tricolore à la place des fleurs de lys, la France reprenait la tradition révolutionnaire et napoléonienne. Elle poursuivait la propagation de la démocratie et l'affranchissement des nationalités, c'est-à-dire le testament de la Révolution, dont Napoléon s'était déclaré, à Sainte-Hélène, l'exécuteur.

Or, c'était contre ces principes que la Sainte Alliance avait été érigée.

En fait, il n'y a qu'une Droite internationale, celle du Droit divin, ou du principe de l'autorité venant d'en haut. En vertu de ce principe non seulement le roi, mais chaque père et chaque supérieur légal, représente Dieu s'il en observe les commandements. Il n'y a qu'une Gauche internationale, celle de la volonté populaire, ou du principe de l'autorité venant d'en bas, c'est-à-dire émanant de ceux qui doivent obéir. S'ils n'obéissent pas, l'ordre ne peut régner, pas même dans une modeste boutique, pas même dans la plus humble famille, et, à plus forte raison, dans l'État. Comment peuvent-ils, à la fois, commander en principe et obéir dans la pratique ? Les « Soviets » du bolchevisme ne sont pas autre chose dans un régiment, par exemple, le colonel et les officiers ne sont censés commander que par la volonté de ceux qui doivent leur obéir, c'est-à-dire des délégués des soldats assemblés en conseil, ou « soviet ». C'est le principe de la « volonté nationale » logiquement appliqué à tous les degrés, au lieu de ne l'être illogiquement qu'à un seul. C'est le principe opposé à celui du « droit divin » en vertu duquel le colonel commande au nom du Roi, lequel commande au nom de Dieu.

La différence la plus essentielle entre les deux principes réside en un point de suprême importance : c'est que le gouvernement de droit divin n'est pas arbitraire ni absolu puisqu'il est guidé et limité par les lois de la morale chrétienne.

Il ne saurait en être autrement. La logique suffit pour faire comprendre que « le lieutenant visible de Dieu », roi, père ou chef, ne peut, sans saper son autorité, agir en contradiction avec les instructions précises laissées par son capitaine invisible, Dieu ou le Christ.

La volonté dénommée nationale, c'est-à-dire majoritaire et partant populacière, ignorante, inconséquente et incohérente, n'a de comptes à rendre à personne. Elle est légitime, légale et suprême quoi qu'elle fasse, quelles que soient les tribulations qu'elle impose, quels que soient les crimes, les impiétés, les extravagances et les abominations qu'elle commette. Ce n'est pas au roi qu'elle s'est substituée, mais à Celui qui fait régner les rois à Dieu.

Ce dont nous ne nous rendons pas compte, c'est que cette voie est légalement ouverte aussitôt que *le principe de la volonté nationale s'est substitué à celui du droit divin*.

C'est pourquoi toutes les nations européennes se trouvent aujourd'hui sur cette voie. C'est de là que vient leur répugnance si déconcertante à combattre le bolchevisme qui ne fait que les y précéder et qui, en somme, procède du même principe idéologique, celui de la prétendue volonté des masses qui sont les paysans et les ouvriers, prétendue volonté puisque de volonté publique, les masses n'en ont nulle part.

C'est l'Anonyme, l'Insaisissable, l'Invulnérable, qui se charge d'en avoir pour elles, ici et là. Seulement là, au moins, on peut le toucher, le saisir, car il a pris la forme du « commissaire du peuple », invariablement juif, comme de raison, tandis qu'ici, plus prudemment, il se donne la peine de se dissimuler. C'est lui dont le bon plaisir a remplacé celui des rois et même celui de Dieu.

Mais si toutes les nations européennes se trouvent aujourd'hui engagées sur cette voie, il n'en était pas encore ainsi en 1830. Alors ce fut la France seule qui quitta, sans faire claquer apparemment les portes et comme si rien ne s'était passé, la Société des Nations destinée à servir de barricade contre la révolution et qui prit place de l'autre côté de la barricade. Beaucoup de Français en ont été très fiers et continuent à l'être ! Pourront-ils l'être longtemps encore ? C'est ce que l'avenir se chargera de montrer.

1848 DÉBUT DE LA RÉVOLUTION MONDIALE

Par suite de la révolution française de 1830, le front unique de la contre-révolution était enfoncé. La France allait être désormais la pépinière des idées révolutionnaires qui devaient aboutir à la révolution de 1848 en attendant le jour où elle prendrait nettement position en qualité de championne attitrée des nationalismes et de l'égalité politique. Les causes qui ont provoqué la révolution de 1848 étaient si futiles, si peu saisissables qu'il est préférable de ne pas s'en occuper du tout et de se borner à dire qu'elle a éclaté parce qu'il fallait qu'elle éclatât.

Au fond que voulait la population parisienne ?

On serait vraiment embarrassé de répondre autrement que par le refrain "on ne sait pas ce qu'elle voulait, mais ce qu'elle voulait, elle le voulait bien". Elle semblait vouloir le bonheur universel sur cette terre. Quel est celui qui ne le veut pas ?

La variante spécifique de 1848 était le bonheur pour les autres, en même temps que pour soi, ce qui signifiait le nationalisme pour ceux qui "gémissent sous les jougs étrangers", et pour soi la démocratie, puisque le nationalisme on l'avait déjà.

Les mots "joug", "gémir" et "étranger" étaient considérés comme synonymes. De même le mot "bonheur" était synonyme de démocraties, république et nationalisme.

Y-a-t-il un homme assez naïf pour supposer un instant que le bon sens populaire, si naturellement réfractaire à toute abstraction, ait tiré toute cette idéologie nuageuse de ses propres entrailles ?

Le peuple est le même partout. Tantôt apparemment généreux jusqu'à n'y rien comprendre, tantôt apparemment féroce sans qu'on sache pourquoi, parfois sensitif jusqu'à la niaiserie quand il n'y a même pas d'ombre de raison pour s'émouvoir, et parfois impassible jusqu'au cynisme quand il faudrait réagir et même rugir pour ne pas avoir de raison de rougir. Il est ce que certains éléments veulent qu'il soit. Voilà pourquoi ces mêmes éléments le couronnent roi, parce qu'ils savent que sa souveraineté sera la leur.

Tout l'engouement pour la démocratie vient de là. Il en a été ainsi en 1848 à Paris. Le peuple français voulait alors la république. Peu de temps après il voudra l'empire au dedans, et la guerre pour les nationalismes au dehors. Tel était le plan de la conspiration internationale.

On disait que la France n'était pas un pays comme les autres, que son propre patriotisme ne suffisait pas à son grand cœur et qu'elle devait épouser tous les nationalismes de la terre, sans même vérifier s'ils existaient ailleurs que dans les imaginations. La France se devait cela à elle-même parce qu'elle avait hérité cette mission de la révolution française et qu'un pareil honneur oblige à tous les sacrifices.

Le bonheur des hommes ne consiste pas dans la santé, le bien-être et la sécurité - quel matérialisme indigne de ceux qu'on proclamait au nom de l'évolutionnisme n'être que des fils de singe ! - Il ne consiste pas davantage dans les joies du cœur et de l'esprit - sentimentalisme indigne des esprits forts ! - Il consiste en deux choses : d'abord, avoir des députés élus au suffrage universel, ensuite, avoir des députés et des ministres qui parlent la même langue ; il n'est pas nécessaire qu'ils soient de la même provenance ethnique, car ils peuvent être sémites pur-sang, sans que cela ait le moindre inconvénient. Sous ce seul rapport, le dogme nationaliste était très large et trouvait d'un suprême mauvais goût d'y voir même un accommodement

À la suite des révolutions de 1848, en effet, commence la grande ascension politique sociale et économique du peuple juif ; les Juifs devinrent dans toute l'Europe ce qu'ils étaient déjà en France depuis la révolution française : des citoyens des pays où ils avaient planté leurs tentes de Bédouins de l'or, des citoyens en tous points égaux aux véritables nationaux, Allemands en Allemagne, Prussiens en Prusse, Autrichiens en Autriche, Hongrois en Hongrie, Italiens en Italie

Ils ne le devinrent pas d'un coup mais peu à peu, à mesure que les révolutions succédaient aux révolutions et que les idées nouvelles devenaient le statut des nations européennes.

Le prétendu affranchissement des peuples et des hommes fut, en effet, leur affranchissement à eux. Le prétendu printemps des nationalités fut, en réalité, leur printemps. De sorte que ces mots ont un sens véritable lorsqu'on les applique aux Juifs.

Tous les développements anarchiques des démocraties progressives furent pour eux des sources d'influence et de puissance. Tous les armements consécutifs à l'exaspération des nationalismes furent pour eux des sources de revenus. Les impôts qui ruinaient les nations et les hommes, enrichissaient les Juifs, puisque c'est à eux qu'ils étaient payés par l'intermédiaire des États. Les Juifs étaient devenus les créanciers universels et l'augmentation des contributions ne servait qu'à l'amortissement des dettes qui augmentaient sans cesse, augmentant automatiquement la richesse, la puissance et l'emprise d'Israël, aux dépens évidemment de tout le genre humain qui devenait, sans s'en douter, son débiteur direct ou indirect.

Les guerres et les révolutions dont le nombre ira en croissant à partir de 1848 et qui seront de plus en plus des calamités pour les nations, seront, pour leurs fournisseurs d'or israélites, les opérations financières les plus splendides.

Les Juifs n'auront ni fermes, ni forêts, ni châteaux, ni usines même, mais ils auront les actions, les commandites, les créances qui portent sur tout cela, et ceux qui offenseront le regard des envieux par le déploiement visuel de leurs richesses, ne seront de fait et d'une manière ou d'une autre que leurs tributaires. Ils seront en même temps les paratonnerres qui attirent sur leurs têtes et sur la propriété palpable les foudres de la colère populaire, qu'ils détournent du Juif toujours insaisissable et irresponsable.

Et quand la disproportion entre la grandeur des entreprises et la misère des masses deviendra trop ostensible et trop scandaleuse, on expliquera, avec force arguments scientifiques à l'appui, qu'il s'agit d'une crise économique générale, non du simple transfert des valeurs liquides dans les poches juives.

Ce processus a été relativement lent dans la première moitié du XIX_e siècle, mais à partir de 1848 tout se mettra à progresser à pas de géants dans cet ordre d'idées. En vérité ce sera alors le progrès discontinu.

Les révolutions simultanées de 1848, économiquement aussi bien que politiquement, ont été d'un rapport exceptionnel, et jamais encore les brasseurs d'affaires n'avaient effectué meilleur placement.

Si, sous certains rapports, les hommes en général ont bénéficié depuis lors de plus de confort, c'est aux applications industrielles de la science qu'ils le doivent et celles-ci n'ont absolument rien à voir avec les procédés capitalistes, ni avec les méthodes démocratiques.

Leur affranchissement légal, leur égalisation civique avec les autres citoyens des mêmes nations, se fera aussitôt sentir au détriment de tous leurs concitoyens nouveaux. Il se passera quelque chose d'analogue à ce conte des Mille et Une Nuits, où il est question d'un imprudent qui ouvrit par mégarde une bouteille dans laquelle était enfermé un génie malfaisant. Sorti de cette compression, le génie se dilata dans des proportions telles qu'il finit par embrasser le monde et par y dominer l'existence de tous les hommes.

Dans la seconde moitié du XIX$_e$ siècle, toutes les fonctions, professions, carrières et champs d'action, à l'exception de certaines dignités honorifiques sans importance sociale, furent ouvertes aux Juifs qui s'y précipitèrent, en foules serrées. Ils faisaient aux moutons chrétiens une concurrence terrible et leur prenaient graduellement toutes les meilleures places.

Seule, la Russie leur restait fermée. Voilà pourquoi le scandale russe sera le sujet favori de la littérature et de la pensée européenne de confection judaïque. On en parle moins aujourd'hui qu'il est devenu quelque chose à faire dresser les cheveux sur la tête, qu'on en parlait entre 1848 et 1914. Cela seul devrait suffire pour faire réfléchir et nous apprendre la terminologie moderne, en vertu de laquelle un État est libéral, tolérant et éclairé quand il honore le Juif, quand bien même il opprimerait tous les autres citoyens, quand bien même un Néron perfectionné serait à sa tête. Mais il est despotique, oppresseur et arriéré, il devient matière à scandale aussitôt qu'il s'avise de se défendre contre le Juif, même si tous les autres habitants n'ont pas le moindre sujet de plainte.

Israël ne le pardonnera pas à la Russie et aussitôt qu'il aura atteint tous ses objectifs à l'Ouest et dans le Centre, il tournera ses efforts contre l'ennemi qui restait debout.

Si l'année 1848 fut l'équinoxe du Juif, elle fut suivie d'interminables giboulées, accompagnées de variations de température, et les relations européennes ne se tassèrent selon l'ordre nouveau qu'environ vingt années plus tard.

Sauf en France, où la monarchie orléaniste en fut la victime, le premier essai dans l'histoire de révolution pan-européenne semblait, au premier abord, avoir fait faillite, tout paraissait rentrer dans l'ordre ancien.

Le plan général avait cependant été bien préparé : aucun État conservateur ne devait pouvoir intervenir dans la révolution du voisin, car chacun devait avoir sa révolution sur les bras. Seule la Russie avait les mains libres. Mais ses yeux étaient avidement fixés sur Constantinople, où "l'homme malade" était de plus en plus malade, et le tsar concentrait tous ses efforts diplomatiques pour avoir sa succession et devenir, de cette façon, l'exécuteur du testament de Pierre le Grand. Ici l'Angleterre le tenait en échec. Cependant des deux côtés on ne voulait pas la guerre, ce qui n'empêchait pas la situation d'être tendue.

C'est sur cette tension que comptaient les partis de la subversion, espérant qu'elle neutraliserait les possibilités d'intervention de Nicolas Ier dans les révolutions du centre de l'Europe.

Toujours est-il que le tsar n'intervint pas de ce côté, pas plus qu'en Prusse, dont le souverain, son propre beau-frère, était pourtant dans l'embarras, ni encore moins en Italie qui était loin.

Nicolas Ier, bien que ses sentiments fussent l'antipode du libéralisme, n'avait pas le génie d'un Metternich, ni sa vision synthétique des enchaînements des causes et des effets dans l'histoire. Plus soldat qu'homme d'État et autoritaire au point de n'écouter aucun conseil, il ne voyait que les choses immédiates, et l'idée que l'incendie gagnant l'Europe pouvait se communiquer à son empire était loin de lui.

Il croyait son empire d'airain et il ne pouvait admettre, même en pensée, que les libéraux enjuivés de l'Ouest qu'il méprisait profondément aient déjà commencé à creuser la fosse de ses descendants lui, devant qui tout tremblait de la mer Blanche à la mer Noire et des monts Carpathes à l'océan Pacifique.

Il se conduisit comme se conduisent nos contemporains, comme se conduisit Bismarck considéré pourtant comme un grand homme d'État, mais il était plus excusable car il n'avait pas l'expérience qu'ils auront.

Il aurait été capable assurément d'écraser la révolution de 1848, car il était sûr alors de la fidélité à toute épreuve de ses armées. Mais il a commis la faute terrible de ne pas l'avoir fait, et cette faute, sa dynastie et son empire la paieront de leur existence. 1848 était l'œuf dont 1917 est sorti et tout se tient dans l'histoire. Malheureusement les seuls à s'en rendre compte sont les Juifs et de là vient leur immense supériorité.

Dans la vie des individus, des familles et des nations, il est de ces instants suprêmes où l'on tient l'avenir entre les mains.

Le cours de l'histoire aurait peut-être été changé si Nicolas Ier, dont l'empire n'avait pas été encore touché par la putréfaction ambiante, s'était posé carrément en champion de l'absolutisme en 1848. Comme Napoléon III un peu plus tard devait se poser en champion des principes issus de la

Révolution française. Les myopes lui auraient reproché de s'engager dans une guerre inutile. Au point de vue immédiat elle aurait été inutile peut-être pour la Russie, mais au point de vue de la philosophie de l'histoire, telle que nous pouvons en juger aujourd'hui, elle aurait été une guerre de salut pour son pays et pour l'humanité chrétienne.

Lui seul aurait pu intervenir et casser les reins à la conspiration infernale... Mais il se borna à écraser un de ses symptômes locaux, la révolution de Hongrie.

Une armée russe commandée par le maréchal Pachkewitch en eut raison. L'insurrection capitula et la couronne de saint Étienne revint à son titulaire légitime, l'empereur d'Autriche.

Ce geste remit en selle le gouvernement de Vienne, un moment désemparé par la simultanéité des révoltes. Il réussit, pour cette fois, à enrayer le mouvement. Mais l'élan était donné et il ne devait plus s'arrêter.

Politiquement Metternich n'était plus. Vieilli et découragé de voir triompher sur ses vieux jours ce qu'il avait haï et redouté par-dessus tout, le grand Européen, le dernier homme d'État qui voyait l'Europe comme un tout ordonné et solidaire, s'était en quelque sorte écroulé sous les ruines de son édifice, de cette Sainte-Alliance qui n'était plus qu'un souvenir. Son heure était venue et il ne restait plus au seul homme qui avait apprécié les événements du siècle à leurs justes dimensions qu'à achever de mourir.

Le vieil empereur François était mort. Après un court règne du débile Ferdinand, François-Joseph, que notre génération a connu en qualité de patriarche de l'Europe, était monté sur le trône de ses ancêtres à l'âge de 18 ans. Il n'avait pas eu le temps d'acquérir de l'expérience, car il avait été pris d'emblée dans un engrenage d'événements bien moins intelligibles encore pour les hommes de son époque qu'ils ne le sont pour nous, nés dans le marasme de la démocratie.

Sur un homme jeune et élevé dans les principes traditionnels de la maison des Habsbourg, la première rencontre, au seuil de la vie, avec le phénomène démocratique, devait produire une singulière impression d'effarement, quelque chose comme le spectacle d'une maison à l'envers dessinée par quelque fantaisiste en quête d'originalité, qui se serait ingénié à intervertir toutes les valeurs pour étonner le monde. Nous le concevons sans peine d'autant plus qu'à l'époque dont nous parlons, la démocratie était quelque chose d'inédit et n'avait comme précédent que la révolution française dont l'affreux cauchemar hantait les imaginations.

On ne se rendait pas compte alors, pas plus qu'aujourd'hui, que c'était un coup monté par une minorité aussi peu nombreuse que l'élite au pouvoir et désireuse de se mettre à sa place. On pouvait croire à la réalité effective du nommé Peuple dont se réclamaient les intrigants et les aventuriers soudoyés par l'anonymat capitaliste.

Le nouveau chancelier de l'empire, prince de Schwarzenberg, moins bien inspiré que son génial prédécesseur, entra sur la voie dangereuse des concessions et des compromis. Cette façon d'agir ne peut jamais satisfaire un ennemi par définition insatiable, mais seulement lui laisser voir qu'on a peur de lui et le rendre d'autant plus exigeant et arrogant. Or, quand on n'a pas vu l'arrogance démocratique, quand on n'a pas entendu déblatérer les énergumènes débraillés qui prétendent personnifier le peuple muet et indifférent, on ne sait pas ce que c'est que l'impertinence.

Le régime des demi-mesures dura plusieurs années. Finalement, on arriva à une constitution parlementaire.

L'ensemble autrichien entrait sur le plan incliné. Les Juifs recevaient la plénitude des droits civiques. Tous les chemins, sauf les avenues de la cour impériale, leur étaient ouverts. Les lors ils ne tardèrent pas à jouer un rôle anonyme aussi considérable que funeste, en s'abritant, selon leur habitude, derrière le fétiche "peuple".

Le parti de la révolution française, qu'il faut se garder de confondre avec la France en tant que nation et pays, fêtait donc une nouvelle victoire, et il la fêtait dans cette ville de Vienne, cette "Kaiserstadt" qui passait pour être le sanctuaire du féodalisme et avait été le berceau de la Sainte-Alliance.

Cependant, en Autriche, en dépit des changements politiques, la charpente économique et sociale restait imprégnée d'esprit féodal. Les grands seigneurs restaient économiquement indépendants du capitalisme et ils gardaient, aux yeux des masses, un prestige infiniment plus grand que celui des bureaucrates et des députés. D'ailleurs, des deux côtés de la Leitha, les chefs des grandes familles, aux "pedigrees" impeccables, étaient membres des Chambres hautes, dites des Seigneurs. Et les choses continueront ainsi jusqu'à la grande guerre, au grand scandale des "esprit généreux et éclairés".

L'Autriche et la Hongrie, de même que la Prusse et le reste de l'Allemagne, devaient se montrer plus réfractaires à la démocratie que ne l'avait été la France et que ne le sera la Russie. Aucun Louis XIV et aucun Richelieu, pas plus qu'aucun Ivan le Terrible et qu'aucun Pierre le Grand n'y avaient préalablement sapé le système de la féodalité patriarcale, ni domestiqué la noblesse terrienne. Peu à peu, presque partout en dehors de l'Autriche, elle avait été attirée vers la cour et avait perdu contact avec la campagne où elle avait régné. Elle y avait été remplacée, en France et en Russie, dans une bien plus forte mesure qu'en Autriche et en Allemagne, par des fonctionnaires payés, sans racines dans le pays et prêts à servir le plus offrant.

La victoire de la subversion, bien qu'éclatante, n'était donc que partielle. Décidée à procéder par ordre, selon sa coutume, elle s'en contenta pour le moment, laissant le reste à son allié : le temps.

La difficulté aurait été infiniment moindre si les régimes républicains et parlementaires avaient déjà fleuri en Europe à cette époque. Il n'y aurait eu qu'à faire confectionner par la propagande et la presse l'opinion publique désirée au sein du peuple souverain dont on aurait voulu se servir pour en démolir un autre. On aurait installé ensuite dans les fauteuils ministériels du premier, des démagogues dûment dévoués à la cause. Ceux-ci moyennant finances, aurait mis en valeur ces dispositions qualifiées d'élémentaires et de spontanées. C'est de cette façon que le capitalisme international peut avoir aujourd'hui toutes les guerres qu'il désire et empêcher celles dont il ne veut pas.

Mais pour que ce procédé soit applicable il faut deux choses : d'abord la prétendue liberté absolue de la presse qu'aucune autorité n'a le droit de museler, même quand le salut de la nation est à ce prix ; ensuite, le régime républicain démocratique, où les éphémères au pouvoir n'ont qu'une rapport accidentel avec leurs portefeuilles ministériels. Leurs rapports permanents et héréditaires ne peuvent exister qu'avec leurs propres portefeuilles, et alors ils peuvent se dire : après moi le déluge pourvu que j'emporte dans l'Arche de Noé beaucoup de "galette" pour moi et pour ma famille.

Pareil point de vue n'est que très exceptionnel chez un monarque, surtout absolu, pour la bonne raison que l'État constitue sa fortune personnelle, sa puissance, sa richesse, sa gloire et l'héritage de sa postérité. Il est très rare chez l'aristocrate-propriétaire du type économique ancien, dont les traditions ne sont pas nomades comme l'Arche d'Alliance de l'Ancien Testament. Sa fortune fait partie de la somme des réalités du territoire national, elle n'est pas mobile et ne repose pas sur le crédit, c'est-à-dire sur les dettes qui l'assujettissent aux créanciers. Mais il est logique et normal chez le politicien obscur qui n'a d'attache ni avec le sol, ni avec l'histoire, qui sort on ne sait d'où pour disparaître avec les poches bien garnies après avoir rempli la tâche à laquelle il était désigné on ne sait par qui.

Pour qu'un aristocrate et, à plus forte raison, un monarque soit malhonnête à l'égard de son pays, il faut qu'il le soit jusqu'au désintéressement et jusqu'à la bêtise, ce qui est fort rare.

Pour qu'un "Tartempion" de la démocratie poussé au pouvoir par une clique anonyme qui l'a ramassé sur la paille, quand ce n'est pas sur le fumier, soit honnête, il faut qu'il le soit jusqu'au désintéressement et jusqu'au sacrifice héroïque. Cela est également peu fréquent, car les Cincinnatus sont l'exception et, même s'il en existe, ce n'est pas eux qu'on pousse au pouvoir et qu'on fait bénéficier des crédits.

Voilà pourquoi les régimes politiques où ceux-ci sont au pouvoir, sont tellement prônés par les hommes du "progrès" dont ce prétendu progrès est le râtelier et le levier de puissance au détriment des masses aveugles.

Mais avant l'année 1848, cet âge d'or de la démocratie n'était pas encore arrivé.

NAPOLÉON III
ALLIÉ DE LA RÉVOLUTION MONDIALE

À cette période de l'histoire, la subversion eut la veine inouïe de trouver un allié puissant qui allait user du droit d'intervention dans les affaires intérieures des autres pays. Il devait le faire à rebours de la pensée de Metternich, au nom d'un nouveau principe de solidarité internationale, celui des États nationalistes et démocratiques s'entraidant à secouer le joug des prétendus tyrannies traditionnelles.

Cet allié, ce champion désintéressé de la solidarité démocratique sur la base des "immortels principes », la révolution de 1848 en France allait le fournir, en la personne de Napoléon III. Mais avant d'entreprendre une nouvelle tâche, il était prévoyant d'éliminer d'avance toutes les possibilités de revers de fortune. Avant 1848 on avait eu l'imprudence d'oublier le point d'interrogation que présentait le tsar de toutes les Russies. Ce monarque, peu éclairé par le flambeau que Weishaupt avait passé à Nubius et que Nubius devait passer à Lénine, avait failli alors "mettre les pieds dans le plat" et renverser d'un coup de botte la sauce que le Juif préparait pour empoisonner tout ce qui lui faisait obstacle.

Heureusement pour le Juif, cet autocrate qui continuait à traiter le Peuple de Dieu comme de la racaille, s'était borné à intervenir en Hongrie seulement. Le mal avait donc pu être réparé, mais cette leçon ne devait pas être perdue pour les protagonistes de la liberté en marche.

Avant de tenter quoi que ce soit en Italie au moyen de l'intervention française, il fallait éliminer le risque d'une intervention russe venant renforcer la défensive autrichienne. En d'autres termes, il fallait asséner un coup à l'empereur de Russie tout seul afin de l'immobiliser et de le mettre momentanément hors de combat. Puis on assénerait un autre coup à l'empereur d'Autriche désormais tout seul également. La simultanéité ne devait exister que du côté de la révolution et ne rencontrer que la division sur le front contraire. C'était de la bonne stratégie politique.

Nous ne suivrons pas les péripéties de la révolution parisienne de 1848. Il nous suffira de savoir qu'il en est sorti après beaucoup de déclamations incohérentes d'abord un président de la République en la personne du prince Louis Napoléon Bonaparte. Ensuite, par voie de plébiscite, le même est devenu empereur, évidemment des Français, non de France, et par la volonté nationale, non par la grâce de Dieu.

L'ambition de Napoléon III fut de parachever l'œuvre de son oncle ; mais, pour parachever une œuvre, il faut la comprendre. Or "comprendre, c'est égaler". C'est dire que pour parachever l'œuvre de Napoléon le Grand, il fallait être Napoléon le Grand, et non Napoléon le Petit.

Le *Mémorial de Sainte-Hélène* fut moins l'œuvre de Napoléon, que l'œuvre de sa déception, terrible et facile à imaginer de la part de celui qui s'était senti lâché par les princes et les grands de ce monde, après les avoir eus tous à ses pieds. Trahi aussi et abandonné par son épouse, une fille d'empereur, son esprit s'était tout naturellement replié sur ses origines, sur cet évangile de la rancœur qui était celui de la Révolution française.

Il n'en avait pas été ainsi le jour où, posant sur son front la couronne impériale, Napoléon avait prononcé les paroles historiques : "Dieu me la donne, gare à qui la touche".

Pourquoi donc n'avait-il pas dit : "Le peuple me la donne, je la tiens à sa disposition le jour où il lui plaira de me la reprendre ?"

Pourquoi la présence du Souverain Pontife à la cérémonie du sacre ? La volonté du peuple en avait-elle besoin ? Cela sentait la tradition de Charlemagne et des empereurs romains germaniques, mais en plus orgueilleux. Eux allaient à Rome, tandis que lui entendait que Rome vienne à lui. Ce n'était assurément pas la tradition de Robespierre.

Pourquoi avoir épousé une princesse du sang, et parmi les princesses du sang, une nièce de Marie-Antoinette, pourquoi celle précisément qui représentait la plus pure tradition catholique, féodale, aristocratique et médiévale, la tradition la plus diamétralement opposée à celle de la Révolution ?

Pourquoi à la place des chambellans et des sénéchaux de l'ancien régime, des archi-chambellans et des archi-sénéchaux ? Pourquoi tout cet attirail de pompe archi-royale qui n'avait rien de la simplicité républicaine d'un Washington ou d'un Lincoln ?

Si Napoléon n'avait pas succombé il aurait laissé un nouvel échiquier féodal de fiefs de la couronne, où les fils des maréchaux auraient voisiné avec les anciens roitelets.

Où était le principe des nationalités indivisibles ? Faut-il le chercher dans la France, elle-même débordant ses limites ethniques, dans la Confédération du Rhin, dans le royaume de Westphalie, dans celui de Naples, ou bien dans le grand- duché de Varsovie ?

La vérité est que Napoléon s'était dépêché de jeter aux orties son accoutrement républicain pour se revêtir du manteau semé d'abeilles. Ce n'est que lorsqu'il dut, bien à son corps défendant, se séparer de ce dernier, que, sur le rocher de Sainte-Hélène, seul et abandonné, rempli d'amertume et de fiel, il parla à la postérité en fils soumis de la Révolution. Jusque-là, ce n'étaient pas les "grandes conquêtes de l'esprit humain" que le grand conquérant avait cherchées.

C'est en héritier de Charlemagne, non en celui de la Révolution française, qu'il cherchait à se poser. C'est la dignité d'empereur d'Occident et pas même celle d'empereur des Français, trop modeste pour lui et qu'il avait déjà dépassée de fait, que convoitait son ambition grandissant avec ses victoires. Pour lui, le nationalisme n'avait jamais joué aucun rôle.

Napoléon avait rendu des services incontestables à la cause révolutionnaire en Europe. Mais ce n'est qu'automatiquement et sans le vouloir qu'il l'avait fait, parce que ses officiers et soldats, presque tous anciens révolutionnaires, portaient la poussière de la Révolution sur leurs vêtements et sur leurs bottes et ils en laissaient un peu dans les capitales. De plus les fidèles sujets des empereurs et des rois voyaient leurs seigneurs et leurs princes humiliés par le Grand Parvenu et sa suite de parvenus, et leur prestige en était diminué.

Ce n'était assurément pas un rêve révolutionnaire démocratique et nationaliste que le nouveau César nourrissait pour son fils, auquel, en attendant, il avait donné le titre médiéval et, en quelque sorte, impérialement international, de roi de Rome. Ce seul titre dévoilait la vraie pensée napoléonienne dont le "Mémorial" n'était que la rancœur et le fiel "les raisins qui sont trop verts". Le roi de Rome suppose un empereur romain - un empereur romain français, si l'on veut, comme autrefois était l'empereur romain germanique, mais néanmoins un empereur dont le pape serait l'aumônier, les rois les grands vassaux et les princes les vassaux de ces vassaux. Un nouveau système féodal enfin avec le sommet de la pyramide qui avait manqué à la plénitude du moyen-âge.

Une conception historique aussi grandiose était trop au-dessus de l'intelligence bornée d'un Napoléon III. En somme il n'était qu'un petit conspirateur au service de la conspiration anonyme qui l'avait porté au pouvoir.

Incapable de saisir la pensée napoléonienne dans les actes du Premier Empire, il se borna à l'interpréter à la lettre selon le manuscrit que la rancune et le désenchantement avaient dictés à Sainte-Hélène.

Les partis de la subversion se chargèrent de l'interpréter pour lui. Ils avaient déjà confisqué à leur profit le grand nom de Napoléon Ier dès le lendemain de 1815, ainsi que le désir de revanche des Français. Ce désir n'avait pas de raison d'être puisque le territoire historique de la France n'était pas mutilé. Seule la Révolution française était la vaincue de 1815 et la perdante du Congrès de Vienne. Mais les partis subversifs avaient mis toute leur science subtile à enchevêtrer l'idée révolutionnaire avec l'idée française afin que les esprits médiocres se trouvent dans l'impossibilité de s'y reconnaître.

L'un de ces esprits médiocres fut précisément celui qui portait le prénom de Napoléon et le nom de Bonaparte. Ils le mirent très intelligemment en valeur, en en faisant un singulier empereur, unique en son genre dans l'histoire. Il prendra pour tâche de combattre les rois et les empereurs, ses nouveaux confrères, d'affaiblir le prestige monarchique en Europe, de désintégrer les empires et de faire triompher partout la Révolution avec tout ce qu'elle comporte et traîne après elle dans ses bagages.

Napoléon III était un monarque qui avait une cour particulièrement brillante, et dans laquelle fourmillaient les gens titrés et les dignitaires chamarrés d'or. Il donnait des titres de noblesse héréditaire qui jouissaient de tous les privilèges inhérents aux vieilles traditions. Il luttait par principe, avec un zèle de sectaire et jusqu'à faire de cette lutte le but de son règne contre le principe de ces privilèges en vertu duquel il régnait et désirait transmettre le trône à sa postérité. C'était un paradoxe sur lequel on n'a pas assez réfléchi. Si on l'avait fait, on n'aurait pas été sans sentir qu'il y avait là quelque chose d'insolite.

Certains écrivains, précisément parce qu'ils y ont réfléchi, en sont arrivés à conclure que Napoléon III avait été tout simplement un agent des milieux occultes qui dominaient alors la société. Ceux-ci l'auraient fait monter sur le trône et l'y auraient tenu au moyen de fils invisibles que nous ne connaissons pas, mais qui auraient constitué une véritable servitude dont il ne pouvait plus se libérer.

C'est peut-être aller un peu loin ; mais, s'il y a là un jugement téméraire, il est très excusable.

Il est infiniment difficile de concevoir la mentalité d'un empereur qui travaille avec enthousiasme pour la démocratie mondiale, qui est ce qu'il y a de plus contraire à sa raison d'être, et qui y travaille en quelque sorte pour l'amour de l'art, alors que cette politique est préjudiciable aux intérêts de sa dynastie et de son pays.

Napoléon Ier, parlant du haut de sa chaire au milieu de l'Atlantique, s'était proclamé le "Messie de la Révolution". Napoléon III en sera l'homme à tout faire, l'outil avec lequel on enfonce les murs. Il devait sa couronne à la Révolution et elle la lui reprendra quand il aura fait son numéro. Ce numéro pour lequel il avait été sorti du néant, il le jouera bien, parce que, comme nous allons le voit, son oreille sera prompte à écouter les souffleurs.

Le premier mur qu'il fallait enfoncer, c'était Nicolas Ier, le champion encore intact de la réaction, le seul homme qui fût intervenu victorieusement et dont l'intervention éventuelle, toujours possible, était, pour la subversion, l'épée de Damoclès.

Mais Napoléon III était-il de force, tout seul, à mettre par terre ce redoutable athlète, alors au sommet de sa puissance?

En 1853, l'allié nécessaire pour éliminer le péril que pouvait courir la démocratie et aplanir sa voie lui arriva comme s'il tombait du ciel. L'Angleterre se tenait en général à l'écart des affaires du continent européen où une seule question l'intéressait, celle de l'empire ottoman, de Constantinople et des Détroits. Et, sur ce terrain, sa rivale latente était la Russie.

L'Angleterre n'avait pas traversé, comme les nations continentales, de révolutions proprement dites, mais, en revanche, une longue phase d'évolution, aussi peu apparente au dehors que profonde au dedans. Ses institutions semblaient inchangées. C'était toujours la couronne dont le prestige grandissait même, le Conseil privé, la Chambre des Communes et la Chambre des Lords, mais leur contenu n'était plus le même. Il s'était profondément altéré dans le sens démocratique, tout en laissant la façade à peu près intacte.

Rappelons-nous aussi que les loges maçonniques pullulaient en Angleterre. Il est vrai que leur niveau mental, intellectuel et moral, aussi bien que mondain et social, était très supérieur à celui des loges continentales. Ne perdons pas de vue toutefois que les loges sont souvent des milieux respectables par eux-mêmes, mais particulièrement adaptés à subir passivement les suggestions progressives dont se chargent les cellules destinées à cet effet, le rôle et la présence de ces cellules étant ignorés de la majorité des participants, y compris des chefs honorifiques qui ornent la façade et attirent les adhésions.

À l'époque qui nous intéresse en ce moment, un ministère libéral-radical était au pouvoir en Angleterre. Il se trouvait même que c'était l'aile radicale de ce parti qui avait la haute main. Son chef, lord Palmerston, était premier ministre. C'est dire qu'il était alors le véritable dirigeant de la politique du

Royaume-Uni. C'était, en somme, le même parti que celui que préside aujourd'hui M. Lloyd George, - lui-même radical, ce qui est plus avancé que libéral, - mais il groupait alors l'ensemble des libéraux proprement dits et des radicaux. Comme le "trottoir roulant" de l'histoire a fait pas mal de chemin depuis Palmerston, celui-ci, surtout vu à travers la distance qui nous en sépare, nous paraît moins subversif que M. Lloyd George.

Palmerston et son milieu radical sympathisaient tout naturellement avec le mouvement révolutionnaire européen de 1848, autant que la politique d'un Metternich, ou l'attitude d'un Nicolas Ier et, en général, l'esprit moscovite de cette époque, leur étaient profondément antipathiques.

L'antipathie pour le tsarisme, qui manquait d'égards envers le Peuple Élu et ses idéaux, fut d'abord platonique, mais seulement jusqu'au moment où survint un prétexte qui mettait l'intérêt de l'Angleterre en jeu. Ce prétexte, assez insignifiant par lui-même, n'aurait pas suffi à un gouvernement conservateur qui aurait facilement trouvé un terrain d'accommodements sans rien sacrifier des intérêts du pays. Mais il a suffi à lord Palmerston pour prendre l'offensive contre l'empire russe, parce que la voix du sang avait parlé en lui. Et il trouva un partenaire imprévu dans Napoléon III, imprévu pour la bonne raison que les questions turques pouvaient encore, à la rigueur, fournir un prétexte d'agression à l'Angleterre, mais aucun pour la France.

Non, il n'y avait pas matière à conflit sérieux entre la France et la Russie, mais il y en avait beaucoup entre l'Autocratie russe et la Révolution française. N'était-ce pas assez ?

LES PREMIÈRES GUERRES POUR LA DÉMOCRATIE - LA GUERRE DE CRIMÉE

La guerre de 1853, dite de Crimée, marque une grande date dans l'histoire pour deux raisons : d'abord parce qu'elle fut la liquidation définitive du pacte de la Sainte-Alliance et la clôture pour les signataires de la période de paix internationale qui en avait été l'heureux et bienfaisant résultat. Ensuite, parce qu'elle fut non seulement la simple liquidation, mais la négation du principe initial de cette Sainte-Alliance et son remplacement par le principe diamétralement contraire, soit l'intervertissement de ses valeurs. Elle fut un événement et un symptôme jusqu'alors inédit dans l'histoire : une guerre pour la démocratie, et au fond rien que pour cela, où deux monarchies apparaissaient pour la première fois sur la scène de l'histoire, en qualité de championnes mercenaires de la révolution générale qui débordait les cadres apparemment nationaux de la Révolution française.

Les guerres de la Révolution française n'avaient pas été, à proprement parler, démocratiques. Elles avaient été des guerres défensives de la France qui se trouvait être en révolution. Les guerres napoléoniennes avaient été celles de l'ambition dévorante d'un grand conquérant insatiable de gloire et de puissance. La guerre de 1853 fut la première guerre franchement et vraiment démocratique de l'histoire. Comme nous ne le savons que trop, elle n'a pas été la dernière.

Pour la première fois, alors, des fils de familles se sont entre-tués, non pour leurs patries, ou pour leurs princes, ou pour un sentiment qui leur était congénital, mais pour que, des deux côtés, la lie, travaillée par le ferment judaïque, puisse leur marcher sur la figure.

Il a fallu la chose narquoisement appelée "liberté" pour qu'une ironie aussi atroce et qui nécessitait un pareil refoulement de la personnalité réelle, fût en général possible. Jadis les hommes se sacrifiaient pour ce qu'ils aimaient. Depuis qu'ils sont "libres", ils sont contraints de se faire tuer au besoin pour le diable en personne ou pour l'intérêt du capitalisme juif ce qui revient au même. Autrement ils seraient qualifiés de traîtres à la patrie, sinon fusillés, comme si la patrie, la F∴-M∴, la démocratie et le Juif ne faisaient plus qu'un.

Les hommes représentatifs par la parole et la plume de la démocratie et de la prétendue libre pensée ne se sont pas trompés sur la véritable signification de la guerre de 1853. Ils n'y ont pas vu un conflit, comme tant d'autres dans l'histoire, à propos d'un problème turc quelconque, mais le choc de deux mondes, le duel de deux dogmes fondamentaux, "celui du christianisme barbare de l'Orient contre la jeune foi sociale de l'Occident civilisé", selon les propres paroles de Michelet.

Empressons-nous d'ajouter que pour cette mentalité-là, le christianisme n'était pas barbare à Naples, à Munich et jusque dans la basilique de Saint-Pierre. Les Loges, les Bourses et les Banques étaient les temples futurs de l'Occident civilisé. Nicolas Ier était un "tyran", un "vampire", mais Metternich l'avait été lui aussi. Il y a des gens qu'on n'a pas le droit de molester sans être vampire, mais il y en a d'autres qu'on est libre de massacrer par myriades, au nom de la liberté, sans cesser d'être noble et généreux.

Selon ce même Michelet "c'était une guerre religieuse" - combien vraie était cette parole ! - qui demandait "la mort de centaines de mille hommes". Il fallait donc que les chrétiens - car la plupart de ces hommes n'étaient ni libres penseurs, ni financiers, ni Juifs - se fassent tuer pour détruire le christianisme et paver le chemin du bolchevisme en Orient et de l'ubiquité capitaliste en Occident.

La guerre de Crimée, œuvre du capitalisme, de la démocratie et de leur produit artificiel, le nationalisme moderne, a inauguré, cette méthode nouvelle, qui devait fêter son triomphe dans la guerre mondiale.

La Russie n'était pas préparée pour cette guerre. Comment aurait-elle pu l'être ? Le tsar et ses ministres étaient des hommes de l'ancien régime qui comprenaient la politique selon les leçons de l'histoire, et non pas des visionnaires apocalyptiques de l'avenir, dans le style de Michelet.

Les choses auxquelles nous avons fini par nous habituer, telles que les guerres désintéressées des nations - et surtout des nations monarchiques ! - pour la démocratie, ou pour le profit du capitalisme international, étaient inintelligibles pour ces adeptes du "christianisme barbare". Ce qu'ils voyaient c'est qu'il n'y avait pas en 1853 de motif suffisant pour troubler la vie des peuples, et ces motifs, qui se trouvent en dehors des raisons normales des conflits armés, étaient une nouveauté inédite qui échappait totalement à leur sagacité.

Personne ne s'attendait en Russie à ce que le choc se produisît en Crimée. Il fallut transporter les troupes à travers toute la Russie d'Europe, opération lente et difficultueuse à une époque où ce pays ne possédait que peu de chemins de fer et où toutes les routes étaient insuffisantes et mauvaises.

Bref, les armées moscovites, dont la réputation à la suite des événements de 1813 était très surfaite, furent battues, et le tsar n'arriva même pas en personne sur le lieu des opérations. Il s'alita en chemin et mourut. Selon la version officielle, d'une grippe ; selon l'opinion générale, cet homme orgueilleux et entier dans ses sentiments, ne put survivre à son humiliation devant la démocratie et il s'empoisonna. D'autres encore disent qu'il a été empoisonné.

Avec lui disparaissait une incarnation vivante du tsarisme et de tout ce que la démocratie a en sainte horreur. Mais il fut selon le cœur de son propre peuple qui l'admirait parce qu'il sentait en lui un véritable tsar et un maître. Il était adoré de ses soldats, généreux pour les fidèles ; mais, pour la révolte, en laquelle il discernait ce qu'elle signifiait au XIX$_e$ siècle, il était implacable. Lorsque celle-ci gronda, une fois, jusque sous les fenêtres du Palais d'Hiver, Nicolas Ier sortit sur le balcon et cria : "à genoux !". Et le peuple se mit à genoux, tellement sa prestance et sa voix avaient d'autorité.

Son successeur, Alexandre II, devait faire profession d'un vague libéralisme hésitant et être, autant qu'un autocrate peut l'être, selon le cœur de la démocratie, qui ne tolère que des monarques faibles et indécis. Aussi c'est sous son règne que la décomposition de l'empire commença. Elle ne devait plus s'arrêter. Les autres obstacles étaient abattus, et c'est désormais sur la Russie que le grand effort de la subversion devait se concentrer.

Le Congrès de Paris fut l'apothéose de Napoléon III. Aux yeux des badauds il constitua la revanche de celui de Vienne et la revanche de Waterloo. Mais on se sent singulièrement embarrassé si l'on se demande en quoi et pourquoi, à moins que toute cette apothéose et toute cette revanche n'aient résidé dans le fait que le Congrès s'était tenu à Paris. La même satisfaction devait être accordée à la France en 1919, à la suite d'une plus grande guerre pour la Démocratie !

Telle fut la part de la France. Guère plus considérable fut celle de l'Angleterre. Le reste fut pour la démocratie. Celle-ci fêtait réellement son triomphe, car Nicolas Ier n'avait jamais été un danger pour la France, mais il en avait été un et très sérieux pour la Révolution.

LA RUSSIE ABATTUE, LA RÉVOLUTION CONCENTRE SES EFFORTS SUR L'AUTRICHE

La Russie momentanément abattue, l'on concentra tous les efforts sur l'Autriche. Sur le compte de cette dernière, la révolution ne s'était jamais trompée. La haine comme l'amour a l'instinct de ce qui lui est intrinsèquement opposé.

C'est à elle qu'on en voulait le plus. Elle représentait, par excellence, le catholicisme, l'ancien régime, le concept personnel de la propriété opposé au concept social du capitalisme, le vestige du Saint-Empire, l'idéal d'une chrétienté hiérarchisée sous le même sceptre, tout ce que l'on considérait comme la barbarie. En un mot elle était à l'antipode des idées de la Révolution: capitalisme, démocratie, nationalisme, tous trois diamétralement contraires à la conception autrichienne et médiévale.

Or l'Autriche, dans la première moitié du XIX$_e$ siècle, a été un pays d'ancien régime. Cela ne signifie pas seulement qu'elle a été une monarchie politique. À la rigueur le capitalisme aurait pu s'en accommoder en la transformant en une sorte de monarchie bancaire et boursière. Mais elle était - sous le sceptre d'un monarque grand propriétaire non endetté, et par conséquent indépendant lui-même - une fédération de monarchies économiques qui se suffisaient à elles-mêmes. Tout au moins elles se suffisaient en se complétant les unes les autres pour ce qui concerne la plupart des utilités indispensables à l'existence humaine.

Le négoce, le crédit et l'agiotage y existaient, d'ailleurs presque exclusivement dans les grandes villes - bien moins grandes qu'aujourd'hui, mais il en était l'accessoire, alors que l'essentiel était la production, la consommation et l'échange, aussi bien pour les particuliers que pour l'État. Les monarques économiques étaient les seigneurs terriens, souvent industriels en même temps qu'agrariens, qui produisaient la plupart des articles nécessaires à la consommation avec l'aide du travail de leurs paysans. Il n'y avait ni plaintes, ni misère, ni grève d'abord parce que ce patronat était patriarcal, étant personnel, responsable et visible de père en fils, ensuite parce qu'il n'y avait pas de créanciers à termes qui lui tenaient le couteau sous la gorge. Il n'était débiteur, en tant que contribuable, que de l'État dont les exigences étaient relativement modestes parce qu'il n'était pas endetté comme le sont les États d'aujourd'hui.

Cela ne veut pas dire que le Juif n'y avait pas sa part, mais ce n'était pas la part du lion, celle qui convient au lion de Juda.

L'Autriche donnait économiquement aussi bien que politiquement et socialement le ton à toute la confédération germanique qui se composait d'États tous plus ou moins assez semblables sous ce rapport. C'étaient des fédérations de grands propriétaires terriens et industriels patriarcaux, sous la présidence paternelle de princes, grands-ducs et rois, propriétaires et producteurs eux-mêmes. Ces derniers percevaient des impôts équitables, non pour enrichir les usuriers, mais pour entretenir les écoles, les universités fameuses, ainsi que la police, la justice, les voies de communication et des armées petites.

Si l'Autriche même amputée de ses provinces italiennes, avait pris le dessus en Allemagne, cela aurait été la constitution d'un bloc réactionnaire et anticapitaliste sur la base de la propriété féodale, ou plus strictement féodale modernisée. Ce bloc aurait séparé la Russie et la péninsule balkanique des démocraties occidentales et aurait eu des chances d'intercepter l'infiltration délétère des idées issues de la Révolution française. En outre l'élément catholique y aurait été prédominant.

Il fallait donc détruire l'Autriche.

Ce fut à son intention qu'on donna tant d'ampleur au problème jusque-là totalement inexistant des irrédentismes nationaux. Nous ne devons pas oublier que dans la première moitié du XIX$_e$ siècle, l'Autriche était encore plus qu'au commencement du nôtre une mosaïque de races et de langues différentes. Elle ne régnait pas seulement, sans constitutions ni autonomies, sur la Bohème, une partie de la Pologne la Hongrie et la Croatie, donc sur trois territoires slaves d'idiomes différents, et un magyar, mais encore sur tout le nord de l'Italie : la Vénétie, la Lombardie et la Toscane. C'est donc principalement à son intention que l'ingéniosité judaïque, jamais prise au dépourvu, a tablé aussi fort sur les nationalismes et s'est mise en devoir de les confectionner. Le terrain choisi pour l'attaque fut l'Italie.

L'Italie était, sans aucun doute ce qu'il y avait de plus éventuellement vulnérable dans l'empire Habsbourgeois, d'autant plus que les populations du Nord de la péninsule avaient des traditions démocratiques et des souvenirs républicains qui brillaient par leur absence dans les contrées du centre européen.

Les cités italiennes avaient été généralement républicaines et quelquefois démocratiques. Elles avaient toujours lutté contre les empereurs germaniques. Il en restait des traces ataviques dans leur tempérament politique. Seules en Europe elles avaient professé un genre de patriotisme ou de particularisme qui a été moins dynastique que civique et se rapprochait du type de l'esprit de cité de l'antiquité méditerranéenne.

Il y avait donc des raisons de s'attendre de leur côté à une réceptivité plus grande des idées nouvelles que Napoléon et la Révolution française avaient lancées dans les imaginations italiennes. L'Italie était ce qu'il y avait de plus vulnérable dans l'Empire dont on désirait la déchéance, et elle était en même temps la proie la plus désirable au point de vue du plan général de la subversion.

C'est moins par la démocratie et les "immortels principes" que par les nationalismes qu'il était important d'isoler l'Autriche dans la mesure du possible afin qu'elle n'ait pas de compagnons d'infortune pouvant lui venir en aide et qu'elle ne puisse pas se tirer d'affaire toute seule. Une fois l'Autriche démolie, on aurait le temps de penser à ce qui restait à faire avec les autres.

Napoléon III mit le point final à son œuvre en déclarant la guerre à l'empereur d'Autriche, sans aucun motif, ni provocation, sans l'ombre d'une raison quelconque touchant l'intérêt ou l'avenir de son pays, comme il avait déclaré la guerre à l'empereur de Russie, uniquement pour parachever l'œuvre révolutionnaire de 1848. La vraie raison anonyme était celle-ci : l'unité catholique dans la diversité nationale et ethnique du patrimoine des Habsbourg était une survivance posthume du Saint-Empire, une forme réduite et un modèle de ce qu'aurait dû mais n'avait pas réussi à être la Sainte-Alliance. L'exécuteur des hautes œuvres de la grande Révolution ne devait-il pas contribuer au moins à la désintégration de ce vestige détesté d'architecture médiévale, qui offensait les regards à l'époque du progrès ?

Ce sera la deuxième guerre démocratique doublée d'une guerre nationaliste.

L'Autriche battue devra évacuer l'Italie pour toujours ; sa puissance et son prestige seront affaiblis au sein de la Confédération germanique, où la Prusse protestante jouera désormais le rôle prépondérant.

Deux autres idées encore sortiront affaiblies de cette guerre : l'idée catholique de l'universalisme politique de la chrétienté au profit de l'idée protestante des séparatismes nationalistes et l'idée conservatrice et féodale, dont la maison d'Autriche était la représentante traditionnelle, au profit du "progrès" démocratique.

Le roi d'Italie deviendra un nouveau souverain "par la volonté nationale". De fait, il le sera par la volonté des éléments plutôt subversifs que purement nationaux. En conséquence, sa position sera singulièrement difficile, car il représentera à la fois l'idée conservatrice en tant que dynastie catholique, descendant d'une illustre lignée de princes, et l'idée diamétralement contraire en tant qu'ennemi involontaire du pape, source de toute légitimité et en tant que création des loges maçonniques et autres sociétés secrètes.

La position de Napoléon III, chef d'un pays catholique et obligé de compter avec les sentiments religieux de ses habitants, ne sera pas moins difficile. Il ne pourra être l'allié effectif de la nouvelle Italie mazzinienne et garibaldienne que contre l'Autriche et force lui sera d'en devenir l'obstacle aux portes de Rome. Son armée, qui avait décidé de la victoire des Italiens et de l'édification de l'Italie unifiée, interdira à ces mêmes Italiens l'accès de leur nouvelle capitale. De sorte que finalement il aura unifié l'Italie contre lui-même, chose qui pourtant aurait dû être facile à prévoir : "Une femme oublie facilement ce qu'on a fait pour elle, elle n'oublie jamais ce qu'on n'a pas fait pour elle". Ce proverbe est également vrai pour les nations. Napoléon III ne s'était aliéné le front international de la droite que pour être lâché par le front international de la gauche. Celle-ci, qui a l'habitude de manger du curé, réclamait le Curé suprême.

Dès lors, le vide se fera autour de Napoléon III, et la révolution, voyant qu'il ne la suivra pas au-delà, cherchera un autre instrument, elle le trouvera en Prusse dans la personne de Bismarck.

BISMARCK ET LA TRANSFORMATION DE L'EUROPE CENTRALE

La Prusse s'était donné une constitution moins libérale que celle de l'Autriche. Elle aussi était une monarchie où subsistaient des vestiges de féodalisme et où les grands propriétaires étaient de petits roitelets ayant peu de, rapports avec la banque et la bourse. Mais sa mentalité générale n'en était pas moins beaucoup plus conciliable à l'égard des idées nouvelles, ne fût-ce que parce qu'elle était protestante et parce que le maçonnisme y fleurissait comme dans tous les pays réformés.

L'Autriche et la Prusse étaient des monarchies "par la grâce de Dieu", mais cependant il y avait entre elles une différence impondérable.

Déjà avant la Révolution française, Frédéric II, l'ami de Voltaire et l'amphitryon généreux des libres penseurs, avait dit que « le roi n'est que le premier serviteur de l'État » ; Cela n'avait été qu'une phrase de prince, sans conséquences pratiques immédiates dans le règne de son auteur, mais cette phrase, nous ne l'imaginons pas dans la bouche d'un Habsbourg, comme nous ne l'imaginons pas non plus dans la bouche de celui qui a dit "l'État c'est moi", ou "j'ai failli attendre", ou "le plus grand de mon royaume est celui à qui je parle, au moment où je daigne le faire". Elle n'aurait pas passé par la gorge d'un Nicolas Ier ou d'un François-Joseph.

Cette phrase historique appartient au répertoire des loges et elle illustre admirablement cette diffusion imperceptible des "idées nouvelles" qui s'y opérait sans qu'on s'en aperçoive, par l'intermédiaire des cellules dont on ne soupçonnait pas les affiliations. Berlin regorgeait de loges dont certaines, telle que la *Loge royale de Prusse*, étaient aristocratiques, et, détail piquant, n'admettaient pas les Israélites. Ceux-ci y étaient cependant représentés par des cellules imprégnées de leur esprit.

La *Loge royale de Prusse* était, comme la "grande Loge" d'Angleterre, un salon pour princes du sang et gens du meilleur monde, lesquels se laissaient insensiblement saturer par une propagande savamment dosée de façon à ne pas effaroucher leur mentalité spécifique.

"Le prince, premier serviteur de l'État" : il n'y a rien là de mal, ni de subversif, semblerait-il. Le Christ n'a-t-il pas dit quelque chose dans ce genre ? "Le Fils de l'Homme n'est pas venu pour être servi mais pour servir", et n'a-t-il pas lavé les pieds des Apôtres ? Mais, dans ce dernier geste, ce sont les papes et les empereurs qui l'ont imité, non les rois de Prusse, car ce geste se rapportait à des hommes vivants, non à des abstractions, telle que la nation, la société l'État.

Si le prince n'est plus que le serviteur de l'État, concept insaisissable, et non son maître, il n'est plus le serviteur du Christ-Roi, ni de Dieu lui-même, et c'est l'État qui devient Dieu. L'État capitaliste et tributaire du capitalisme, est le véritable royaume de Mammon.

Nous touchons à la fondation d'État qui voudra se substituer à Dieu, être au-dessus de tout, pour s'identifier avec le capitalisme qui veut asservir, avec le nationalisme qui ne parle que de haïr, avant de devenir la démocratie qui refuse de servir Dieu, pour servir seulement le peuple-prêtre de Mammon.

Déjà au crépuscule de l'histoire ancienne, il fut un empereur romain, Constantin le Grand, qui voulut se servir du christianisme. L'Empire romain passa, le christianisme est resté, car ce qui est plus et ce qui est permanent ne peut pas servir ce qui est moins et ce qui est éphémère. Le rapport causal des valeurs ne peut pas être interverti. Ce que Constantin le Grand avait tenté d'accomplir avec la grande idée-force positive de l'histoire, Bismarck l'a tenté avec la grande idée-force négative, avec le judaïsme, dans l'espoir que ce courant millénaire allait désormais travailler "pour le roi de Prusse".

De nos jours, les hommes d'État britanniques ont répété la même expérience, — et ils ont peut-être cru faire un coup de maître en ressuscitant le royaume de Judée sous le drapeau anglais.

Dans les trois cas, ceux qui ont espéré capter, ont été captés. Il ne pouvait en être autrement. Ni le christianisme, ni le judaïsme qui en est l'antithèse, ne peuvent être captés par l'égocentrisme étroit et accidentel d'un régime politique ou d'une dénomination nationale. Ils constituent les deux idées-forces magistrales de l'histoire, non des accessoires de celle- ci. Ils sont les deux courants vers lesquels converge tout le reste et ce reste ne saurait capter l'un ou l'autre, pour ses fins personnelles ou nationalistes.

Le mot "Israël" signifie celui qui lutte avec Dieu, fort comme Dieu. Il fut donné au patriarche Jacob, père commun de la race, à la suite du songe biblique où il rêva avoir lutté avec le Très-Haut sans qu'il y eût de dénouement à cette lutte.

Bismarck, et encore moins M. Lloyd George, ont-ils jamais rêvé aussi grand ? C'est fort peu probable et tout laisse à penser qu'ils n'ont été que des opportunistes terre à terre, dans le sens le plus immédiat de ce mot et sans chercher aussi loin.

Fort comme Dieu !...

Mais n'anticipons pas. Ce que nous voulons démontrer pour le moment, c'est que Bismarck, premier sur le continent européen, fera fond sur le capitalisme derrière lequel se dissimule le judaïsme. Il essaiera de "prendre le taureau par les cornes" en transformant un État féodal en État capitaliste. De cet État, qui n'avait été jusque-là qu'un moyen de rendre plus confortable l'existence des citoyens, il fera un but, une divinité qui veut être adorée pour elle seule. La religion, même protestante, n'y sera plus que l'accessoire, tout comme la devanture féodale, car cet État sera matérialiste. Et intensément nationaliste aussi, car il voudra confisquer au profit exclusif de la Prusse monarchique la mentalité nationaliste de 1848, sans son aspect démocratique. Et il semblera y réussir.

On parla beaucoup de la transformation politique de l'Allemagne sous l'impulsion de Bismarck. On parla beaucoup moins de sa transformation économique et sociale, laquelle, bien que moins apparente, fut infiniment plus importante. Jamais transformation économique et sociale plus radicale et plus rapide ne s'était opérée sous le gouvernement d'un même homme. La seule ville de Berlin vit s'accroître dix fois le chiffre de sa population. Il en fut de même pour Hambourg et pour beaucoup d'autres cités et surtout celles du bassin houiller de la Rhénanie.

Toute l'Allemagne suivit l'exemple de la Prusse, lui emboîtant le pas au besoin. À l'échange paisible entre la consommation et la production, succéda brusquement le roulement des marchandises et la circulation des capitaux.

À la mort de Bismarck, l'Allemagne était déjà au premier rang des nations pour tout ce qui concerne la vie capitaliste intense. Elle battait sous ce rapport le record de la France et de l'Angleterre, et égalait presque les États-Unis, elle qui n'avait été qu'une fédération très décentralisée d'États féodaux et agrariens le jour où Bismarck avait pris les rênes du pouvoir en Prusse. La patrie idyllique de "Hermann et Dorothée" était devenue - et cela sous l'impulsion d'un hobereau agraire de la Prusse - un pays d'extrême richesse financière et de grande misère prolétarienne.

Cela s'appelait un pays florissant et qui s'enrichissait à vue d'œil. De très bonne foi, les Allemands, tous sans exception, en semblaient très fiers, sans même se demander pourquoi eux-mêmes et ceux qu'ils fréquentaient ne s'enrichissaient pas, quand le pays, qui était le leur, était supposé faire de tels pas de géant dans le sens du progrès économique. On ne se demandait pas davantage d'où était venu subitement le besoin d'expansion à l'étranger et, à défaut de celle-ci, d'émigration en masse, vers les deux Amériques et ailleurs.

Pour répondre à ces questions on se contentait de mettre le tout sur le compte du surpeuplement. Il y avait du vrai là-dedans, mais d'où venait alors ce surpeuplement subit en quelques décades, alors que pendant des siècles cette progression n'avait jamais mis l'existence de l'Allemagne en péril ? Les applications de la science moderne rendent-elles donc les hommes plus prolifiques ? Le surplus de la population aurait pu se déverser lentement vers la Russie dont les gouvernements à cette époque n'entravaient nullement ce mouvement et plutôt le favorisaient. Cela n'aurait pas été un élément germanique perdu pour l'Allemagne, en attendant que la Russie ne devienne, ce qui était logique, une zone de pénétration germanique. De sorte que les émigrés allemands colonisateurs du vide moscovite auraient joué, en quelque sorte, le rôle de pionniers de l'influence germanique. D'ailleurs les colonies allemandes pullulaient déjà dans l'empire des tsars : elles étaient florissantes ; il y en avait jusque sur la Volga.

En réalité, les souffrances des masses germaniques étaient moins dues au surpeuplement, qu'on invoquait comme un prétexte, qu'à l'extrême et subite intensification de la production. Celle-ci n'avait pas en vue la consommation, puisqu'elle la dépassait de très loin, mais uniquement le trafic, le négoce et l'agiotage dont se nourrissaient les magnats du crédit. Comme ils finançaient la navigation et l'industrie, ils les voulaient de plus en plus grandes afin d'avoir de plus en plus à financer, tandis qu'ils décourageaient la colonisation en Russie, par tous les moyens directs ou indirects dont ils disposaient, car elle ne pouvait rien leur rapporter.

De son côté, l'État, qui s'endettait à perte dans la mesure où il augmentait ses effectifs de guerre, était de plus en plus tributaire des mêmes milieux, auxquels il devait rendre le plus clair de ses revenus constitués par les contributions que lui payaient les habitants. Ceux-ci, à leur tour, en étaient réduits à chercher des moyens artificiels pour subvenir à ces besoins sans cesse croissants, et se lançaient dans le tourbillon des affaires afin que l'État ait de quoi payer les intérêts de ses créanciers.

C'était le cercle vicieux, et l'Allemagne y entraînait automatiquement ses alliés et adversaires éventuels afin que l'Europe entière se transforme en un champ du capitalisme d'où le Juif tire l'argent qui lui sera nécessaire pour financer les guerres et les révolutions de l'avenir.

Bismarck fut celui qui mit sur la tête de Guillaume Ier la couronne de l'Allemagne unifiée. Mais il fut, ce qui est infiniment plus grave, un de ceux qui contribuèrent le plus à couronner Mammon roi des rois de la terre, pendant que Marx et Lassalle, suivis de Liebknecht et de Bebel, guettaient cette marche du progrès dans le centre de l'Europe.

Bismarck n'était certes pas un démocrate dans le sens immédiat et visuel qu'on prête ordinairement à ce mot. Il appartenait par sa naissance à une classe particulièrement loyaliste à l'égard de la monarchie prussienne, celle des petits gentilshommes ruraux de la Prusse. C'était donc un monarchiste fervent. Mais son monarchisme était strictement prussien et devait devenir allemand quand la Prusse elle-même serait devenue l'Allemagne ; il ne devait jamais être européen et historique comme l'avait été celui de Metternich.

Bismarck ne devait pas voir, comme Metternich l'avait si bien vu, deux fronts internationaux et historiques dans la phase d'une lutte qui continuait depuis des générations. Il ne se rendait pas compte que l'Europe était en train de devenir un seul organisme dont les divers organes réagissaient réciproquement de plus en plus, les uns sur les autres.

Il ne discernait que le profit immédiat que pouvait retirer la Prusse monarchique, à devenir l'instrument de l'ubiquité capitaliste même si c'était aux dépens de l'idée monarchique en général. Comme nous l'avons dit, il était un grand Prussien, mais un petit Européen.

Il savait que le monarchisme est un élément de force, et le voulait pour son pays ; mais pour la même raison il voulait le libéralisme pour les adversaires ou concurrents possibles de son pays, car c'est un élément de faiblesse et d'infériorité. Et ces adversaires éventuels c'étaient tous, parce que l'Allemagne devait être "au-dessus de tout".

Il humilia et affaiblit l'Autriche, cette citadelle de l'aristocratisme féodal.

Il lutta contre le catholicisme et contre le Saint-Siège, c'est-à-dire contre le principe fondamental du droit divin. Et celle lutte il l'appela *Culturkampf*, la lutte pour la civilisation ! N'est-ce pas le langage des hommes du "progrès" qui fréquentent les loges ?

Il contribua à la républicanisation et à la démocratisation de la France, afin d'affaiblir, d'humilier et d'avilir ce grand pays.

Quant à sa propre patrie, il devait y réduire le féodalisme qui en a été l'armature sociale à un rôle de façade, y substituer l'étatisme bureaucratique, comme l'avait fait Richelieu en France, oubliant qu'un simple changement de personnes, dans ces nouvelles conditions, était susceptible de transformer celui-ci en démocratie et en socialisme d'État. De la sorte, il devait se laisser fasciner par les mirages du capitalisme impérialiste.

Tout cela parce qu'aveuglé par l'orgueil nationaliste il croyait à l'immunité exceptionnelle de l'élément prussien.

Il poussa son pays et automatiquement tous les autres dans la voie des armements, jusqu'au moment où la conscription universelle, c'est-à-dire les masses contaminables armées, devint la règle dans toute l'Europe. Ingénument il n'y cherchait qu'une augmentation de la puissance militariste de l'Allemagne par rapport à ses voisins. Il oubliait que les voisins le suivaient sur cette route et que la proportion restait sensiblement la même. Mais cette proportion changeait, en Allemagne et ailleurs, et de la façon la plus alarmante, par rapport à une éventualité de guerre de classes. Il n'était plus permis à un homme d'État européen digne de ce nom d'ignorer et de négliger ce danger dans la seconde moitié et, à plus forte raison encore, dans le dernier quart du XIX$_e$ siècle.

De même les Romains de la décadence apprenaient la science militaire aux Barbares qui composaient les légions et ensuite les renvoyaient dans leurs foyers, afin qu'ils fussent prêts à envahir, à piller et à subjuguer l'empire.

La surenchère des armements qui atteignait d'invraisemblables proportions, obligea l'État à suivre une politique fiscale de grande envergure sans autre but que de rendre possible le paiement des intérêts des emprunts. Ce fut une politique d'endettement progressif dont le montant n'était pas récupérable parce qu'il était englouti dans des dépenses qui ne rapportaient pas, ou plutôt ne rapportaient qu'à l'ubiquité internationale juive. Ces dépenses étaient toujours à recommencer, de sorte que graduellement la fortune des particuliers, de plus en plus débiteurs du Juif par l'intermédiaire des États, se liquéfiait, de solide et tangible qu'elle avait été, et passait dans les coffres-forts du créancier anonyme, sous la forme aisément mobilisable de l'or et des papiers.

La politique générale de Bismarck aurait été excusable et même normale quelques siècles auparavant.

Les États monarchiques n'avaient pas alors d'ennemis à l'intérieur. Même s'ils en avaient, ces ennemis étaient accidentels, non permanents ; ils agissaient chacun pour son compte et ne constituaient pas un front international unique dont les secteurs nationaux remplissent un plan stratégique d'ensemble sous une inspiration commune.

Alors les empereurs pouvaient se quereller impunément avec les papes ; les rois avec les rois et les grands vassaux de la couronne ; les prélats avec les princes, parce qu'ils n'avaient pas un ennemi redoutable commun et omniprésent, qui travaillait à leur perte et à leur ruine indistinctement à tous. Au temps de Bismarck cet ennemi existait déjà et ne demandait pas mieux assurément qu'à s'allier à l'un contre l'autre, selon les opportunités passagères, afin d'éliminer progressivement les uns par les autres et rester finalement seul maître du champ de bataille sans avoir rien risqué lui- même.

Une politique pareille, après 1848 et déjà même après la Révolution française, était un pur suicide. Or, telle fut la politique d'un homme qui a été, sans aucun doute, un conservateur et un monarchiste sincère, un réactionnaire et un absolutiste au fond du cœur, et que l'histoire nous invite à qualifier du nom de génie.

Ou Bismarck n'a été qu'un faux réactionnaire, un instrument conscient de la subversion et un Judas à l'égard de l'ancien régime, et, dans ce cas, il a vraiment fait preuve de génie, mais cela est franchement impossible à supposer, ou bien tout son prétendu génie n'a consisté qu'à être la plus invraisemblable des dupes de son siècle. Sous ce rapport,

Bismarck a battu de loin le record de Richelieu. Celui-ci, quand il abattait le féodalisme, "désossait" le royaume de France et préparait un roi qui devait pouvoir dire : "L'État, c'est moi". Mais cet État devait être guillotiné pour cette raison d'autant plus facilement plus tard dans la personne du roi. Cependant Richelieu n'avait pas à son actif l'expérience de presque un siècle de méthodes révolutionnaires.

Bismarck fut d'autant plus dupe que son intelligence et sa sagacité étaient indéniables. Mais elles s'enfermaient dans les limites étroites d'un cercle nationaliste borné par les ambitions immédiates des Hohenzollern et les intérêts particularistes de l'Allemagne. Dans ce cercle l'Allemagne aurait été non seulement "über alles", c'est-à-dire au-dessus de tout, - ce qui de la part d'un Allemand serait compréhensible à la rigueur, - mais en dehors du monde, à l'abri des courants qui en rendent interdépendantes les parties et en marge de l'histoire universelle.

Si Bismarck avait été réellement un grand homme, même un grand homme égoïstement mais intelligemment patriote, si son regard avait eu la clairvoyance aquiline du génie, c'est dans la pénétration de la Russie qu'il aurait entrevu l'avenir de sa patrie surpeuplée et congestionnée. La Russie avec ses plaines fertiles et incultes avait de quoi nourrir vingt Allemagnes pendant un siècle, et son territoire immense recelait des richesses insoupçonnées et toutes les matières brutes désirables. Il ne l'aurait pas cherché dans une industrialisation exagérée qui allait aggraver cette congestion en ne l'atténuant que dans un sens immédiat, et intensifier les possibilités du socialisme.[2]

---

[2] Reconnaissons d'ailleurs en toute justice que cette politique d'industrialisation à outrance fut amorcée avec prudence par Bismarck, mais que le vrai responsable en demeure son successeur l'empereur Guillaume II.

La pénétration de la Russie aurait pu être toute pacifique, puisque la Russie avait besoin de l'énergie organisatrice que pouvait lui donner sa voisine, au même titre que l'Allemagne avait besoin de la matière que pouvait lui fournir le sol et le sous-sol russes. Les deux pays monarchiques, avec leurs dynasties apparentées et unies par les liens d'une amitié traditionnelle, avaient tout pour s'entendre et leur alliance étroite aurait constitué une barrière formidable, mieux que cela, une force offensive, contre les flots rugissants de la marée démocratique.

Guillaume II ne devait qu'amplifier les fautes de Bismarck tout en négligeant de le suivre là où il avait été mieux inspiré. Ce qui caractérise un véritable génie politique, c'est une haute capacité de clairvoyance, une sorte de double vue. Il discerne ce que l'Évangile a appelé "le signe des temps", autrement dit, l'essentiel, le permanent, qu'il se garde de confondre avec l'accessoire, l'occasionnel, l'accidentel.

Or, l'essentiel, le permanent du XIXᵉ siècle, c'était et c'est l'antagonisme implacable, non de deux nations, mais de deux mondes superposés, le monde d'en haut continuant à rester sous l'influence du christianisme traditionnel, et le monde d'en bas, consciemment ou inconsciemment soumis à l'emprise occulte de la F☐-M☐☐ et du judaïsme impérialiste et militant. Celui-ci se dissimulait sous le double aspect du capitalisme en lutte contre la propriété personnelle et de la démocratie - bourgeoise au début, socialiste plus tard - en lutte contre l'autorité légitime.

Dans le monde d'en bas il y avait unité internationale de pensée et d'action : "Pas d'ennemis à gauche". La division nationaliste régnait dans celui du dessus, - "France d'abord", "Deutschland über alles", "Rule Britannia". D'où, infériorité manifeste de ce dernier, car dans ces conditions, il ne pouvait pas en être autrement.

Bismarck, comme tous ses contemporains sans exception, trouva plus confortable d'agir en opportuniste, c'est-à-dire de ne pas remonter le courant imprimé à l'histoire par les forces subversives, mais de le suivre, en essayant de l'utiliser pour assouvir les ambitions immédiates de son pays et les siennes. Et comme Bismarck fut, sans aucun doute, le plus roué, le plus roublard et le plus débrouillard des diplomates de son époque, il réussit à "rouler" ses confrères en opportunisme et à se tailler un succès éclatant, tout en faisant inconsciemment le jeu de l'ubiquité internationale. Celle-ci, évidemment, ne chercha pas à le perdre, comme elle l'avait fait avec Metternich et Nicolas Ier, qui s'obstinaient à remonter le courant. Tout au contraire, elle l'appuya de toutes ses forces, et c'est pourquoi son nom est resté celui d'un vainqueur dans la vie, comme dans une plus faible mesure le sera plus tard celui d'Édouard VII.

Les deux premiers sont inscrits dans les annales comme des vaincus.

Le plus grand de tous les fils des hommes, celui que les incroyants eux-mêmes considèrent comme d'un rang supérieur au génie, le Christ a été aussi un vaincu. Plus que qui que ce soit au monde Il a remonté le courant imprimé par les ancêtres de l'ubiquité moderne et c'est pour cela que Son œuvre, vieille de deux mille années, jouit du privilège unique d'une éternelle jeunesse.

Bismarck a donc rendu à la cause révolutionnaire un service plus grand que Napoléon III. Mais c'est de l'affaiblissement de l'Autriche, dont le mouvement de 1848 et ensuite Napoléon III furent les artisans, qu'est sorti Bismarck et son œuvre.

Napoléon III fut loyal envers la Révolution jusqu'au bout. Non content d'avoir unifié l'Italie au détriment de l'Autriche, il n'empêcha pas l'unification de l'Allemagne au détriment de cette même Autriche.

Point n'était nécessaire d'avoir un bien grand flair politique pour prévoir qu'une Allemagne unifiée sous la direction d'une Prusse militarisée, aux portes orientales de la France, devait être pour celle-ci un danger bien plus grave que le voisinage d'une Allemagne pacifique et morcelée en petits États autonomes et attachés à leurs particularismes séculaires sous la très vague suzeraineté d'une Autriche lointaine et aux populations hétérogènes.

Sûre de la neutralité russe, l'Allemagne n'avait plus d'adversaire sérieux en Europe, sauf Napoléon III. Ce dernier était isolé et ne pouvait compter ni sur la Russie, qu'il avait inutilement humiliée en Crimée pour les beaux yeux de la démocratie, ni même sur l'Italie qu'il avait unifiée, pour l'idée nationaliste, mais qui ne lui pardonnait pas de défendre Rome en contradiction avec cette idée. Il pouvait encore moins compter sur cette démocratie idolâtrée, qui le lâchait pour Bismarck, l'homme qui allait donner une nouvelle impulsion au "progrès" toujours en marche.

Ce fut donc le tour de Napoléon III. Là aussi le prétexte fut vite trouvé. Si cela n'avait pas été la fameuse dépêche d'Ems, on aurait trouvé, autre chose. Nous ne comprenons pas, en général, les historiens qui perdent tant de temps à discuter tous ces petits détails.

La guerre était décidée. L'armée allemande était prête, l'armée française ne l'était pas. La configuration de l'échiquier européen était favorable à la Prusse, parce qu'elle était la puissance qui allait donner au capitalisme international juif une impulsion nouvelle.

Une armée teutonique de près d'un demi-million de soldats bien armés et bien disciplinés, la plus grande force militaire que l'Europe ait vue depuis la campagne de Napoléon Ier en 1812, entra sur le territoire français.

La principale armée française, commandée par Napoléon III en personne, fut cernée et forcée de capituler. L'empereur était prisonnier de guerre. Les autres armées françaises, commandées par des maréchaux, eurent plus ou moins le même sort. Et le roi de Prusse, avec tous les princes et roitelets allemands à sa suite, mit le siège devant Paris.

La monarchie hybride qui avait sacrifié les intérêts du pays à ceux de la révolution, tombait victime de cette révolution qu'elle avait tant chérie.

Napoléon III fut un étrange monarque, comme on n'en trouve pas beaucoup dans l'histoire, pas même parmi les usurpateurs et les parvenus. Ceux-ci cherchent généralement à faire oublier leurs débuts alors que lui semblait s'en glorifier et n'avoir été placé sur le trône que pour démolir les monarchies, y compris finalement la sienne. Le II$_e$ Empire ressemblait à s'y méprendre à une république laïque et il a été, en dépit de son lustre trompeur, le régime de la démocratie et de la libre-pensée.

LA COMMUNE ET LA HAINE ÉTERNELLE

La France ne subissait pas une perte bien grande dans la personne de Louis-Napoléon Bonaparte. Mais qui allait lui succéder ?

La machine infernale, alimentée par l'or international, qui travaillait sans relâche dans les souterrains ténébreux de la mentalité européenne du XIXe siècle, avait apparemment ménagé la France pendant deux décades. Elle l'avait fait aussi longtemps qu'elle avait eu besoin de son épée hors de ses frontières. Mais elle ne s'était pas endormie sous ce régime si « éclairé » et qui avait une si forte odeur de « Révolution française ».

Elle en avait donc préparé une nouvelle édition, mais une édition sensiblement perfectionnée en proportion du « progrès » que les « immortels principes », tel un vin en cave, avaient fait depuis quatre-vingt années.

Ne fallait-il pas que la France continuât à porter le flambeau comme elle l'avait fait en 1789, et certains Français ne sont-ils pas encore tout fiers d'être toujours les premiers à exécuter les desseins d'Israël ?

Cependant le flambeau de 1789 ne pouvait plus être celui de 1871. Les « immortels principes » de la confection de l'An I, II, III, avaient eu le temps de devenir des banalités courantes de l'idéologie européenne. Il fallait une innovation inédite, une nouvelle mode de Paris. Ce fut la révolution prolétarienne, que l'Europe ne connaissait pas encore.

La Révolution française a été la première révolution de la classe bourgeoise et moyenne ; de ce que l'on appelait le Tiers-État, dans l'histoire.

La Commune de Paris devait être la première révolution de la classe prolétarienne, restée relativement dans l'ombre jusqu'à cette époque. Elle fut la première réalisation dans l'histoire - essai encore éphémère et précipitamment étouffé - de la dictature du prolétariat, forme jusque-là inédite de la subversion.

Elle fut le premier avènement du Quart-État, ce qui était un progrès sur tout ce qui avait précédé. À ce titre, elle marqua une date dans l'évolution des procédés employés par l'esprit de révolte. Tous les pontifes de la subversion contemporaine, de la phase dite socialiste et communiste, furent unanimes à le déclarer. Les plus grands en tête, Marx et Lénine, répudiaient avec ostentation toute attache avec les révolutions bourgeoises, républicaines et démocratiques, du type de 1789 et 1848. Ils n'y voyaient qu'un moyen, un acheminement, non le but. Tous proclamaient leur filiation directe à l'égard de la Commune parisienne, même lorsqu'ils en critiquaient le manque de préparation technique.

Tous, sans exceptions s'inclinent devant elle comme devant une sorte de chef de file et lui consacrent de nombreux discours, brochures et livres. Elle a été le premier son de cloche de ce que devait être la révolution bolcheviste. Marx, Lénine, Trotsky, Kautsky, Lawrof et beaucoup d'autres traitent ce sujet et polémiquent sous ce rapport.

La grande erreur consiste à supposer que la Commune de Paris fut un mouvement spontané, et cette erreur se répète à propos de toutes les révolutions.

Chaque fois, il se trouve des hommes, par centaines de milliers, assez naïfs pour croire qu'une chose peut se faire toute seule, et qu'elle peut sortir du néant sans avoir été faite par quelqu'un. Pour peu qu'on y réfléchisse c'est une absurdité philosophique et un défi au bons sens. Surtout à une époque qui prétend être scientifique et où l'on devrait savoir que même ces processus qu'autrefois on croyait automatiques et réglés par des lois abstraites de la nature, - tels que la décomposition d'un cadavre, la maladie, la vieillesse, la mort dite naturelle -, sont déterminés par des agents concrets et vivants, appelés bacilles, toxines, qui travaillent à cet effet. Sans eux il n'y aurait ni décomposition, ni fièvre, ni décrépitude, ni mort, et si ces agents nous sont invisibles, cela ne veut pas dire qu'ils soient moins réels.

Il en est de même pour la société, qui est l'humanité dans l'espace, et pour l'histoire, qui est l'humanité dans le temps. Des bacilles, des toxines, à forme humaine, que l'œil des générations ne discerne pas, que l'œil des historiens ignore, ou plus souvent, feint d'ignorer, - mais dont l'existence n'est pas un mystère pour le bactériologiste de la société et de l'histoire - , provoquent les fièvres, la décrépitude ou la décomposition, les paralysies ou les convulsions, la vieillesse, l'avarie et la mort.

Les victimes croient que le processus se fait tout seul, en vertu des lois inéluctables et consubstantielles à la nature des choses, et c'est pourquoi elles ne réagissent point. En effet, comment réagir, sans être insensé, contre l'inéluctable et la nature des choses ?...

Il n'y a pas eu plus de spontanéité dans la Commune de 1871 qu'il n'y en avait eu en 1789, en 1793, en 1848, en 1905 ou en 1917 et qu'il n'y en a dans les troubles chinois, hindous, soudanais, syriens, turcs, marocains et afghans. Il n'y en a pas davantage dans toutes les grèves de notre époque. Il n'en est pas moins vrai que, de même que dans l'organisme animal, pour que les bacilles et les toxines puissent manifester efficacement leur action meurtrière, il est nécessaire que cet organisme soit affaibli et délabré par des intempéries ou du surmenage. Sans quoi, cet organisme sain et dans la plénitude de ses forces, aurait des ressorts pour se défendre et réduire à néant l'action nocive.

C'est pour cette raison que les infections sociales sont généralement consécutives à des fléaux économiques ou politiques, ce qui ne veut pas dire qu'elles en soient l'effet. Entre les désastres militaires de 1870 et la Commune il n'y avait aucun lien direct de cause à effet.

On aurait pu comprendre à la rigueur que la populace ait voulu lyncher tel ou tel responsable de la défaite. Cependant, elle ne l'aurait fait qu'à la suite d'insinuations persuasives de la part de personnes intéressées. Mais la Commune de 1871 n'était pas plus anti-bonapartiste qu'anti-bourbonienne, anti-orléaniste, ou même anti-gambettiste. Elle était contre tout ce qui représentait l'ordre social, bon ou mauvais. Elle était, pratiquement anti-tout.

On nous répondra que c'était parce qu'on lui avait expliqué que l'ordre social en général était responsable de tout le mal. D'accord, mais c'est là précisément ce que nous soutenons. C'est là précisément ce qui ne se fait pas tout seul, spontanément, sans une longue préparation et une organisation élaborée à cet effet de la façon la plus minutieuse et la plus savante.

Ce n'est que pour un spectateur très superficiel et sans la moindre idée des laboratoires où se confectionnent les révolutions, que ces symptômes peuvent sembler improvisés. Les hommes ont toujours été des hommes ; les masses ont toujours été les masses ; leur prétendue maturité, survenue depuis quelques dizaines d'années, n'est qu'un bluff incommensurable. Il y a toujours eu des défaites et des revers, mais depuis la deuxième moitié du siècle dernier seulement, ils sont invariablement suivis de phénomènes dans le genre de la Commune, dont finalement les Hébreux et les éléments subversifs de la société sont les seuls à profiter.

Il est hors de doute que la première Internationale créée et dirigée par Marx, le fondateur du socialisme moderne, a été la cheville ouvrière de la Commune de Paris. Elle s'est servie comme d'un levier, du parti blanquiste dont le chef était mort, mais dont les traditions étaient vivantes et n'avaient besoin que d'être ravivées dans les faubourgs de la capitale française.

Nous observons le même processus aujourd'hui en Angleterre, où la troisième Internationale agit par l'intermédiaire des fractions radicales des Trade Unions britanniques qu'elle bolchevise graduellement.

Le lion à la blanche crinière - comme Marx était dénommé par certains de ses disciples - n'avait pu venir lui-même à Paris, mais il observait avec une attention concentrée tout ce qui s'y passait. Cela lui était facile car il était en correspondance suivie avec les principaux communards, notamment avec Kügelmann, qui semble avoir été son vicaire parisien.

La première Internationale existait déjà depuis quelques années. Elle avait tenu déjà plusieurs congrès, généralement en Suisse et sous la présidence du Messie judéo-socialiste en personne. Ces congrès furent le Concile de Nicée du socialisme désormais unifié et sortant des catacombes et de la dispersion sous l'impulsion du Maître. Son Évangile et son Credo étaient le Manifeste communiste paru en 1847, petit livre accessible à la compréhension des masses ouvrières qui portait la signature de Marx et d'Engels et qui finissait par le cri de ralliement fameux : « Prolétaires de tous les pays, unissez-vous ».

Ce petit livre, si nous ne regardons que l'apparence, était en rupture de ban avec tout ce qui était jusque-là considéré comme l'essence révolutionnaire, selon le monopole des idées avancées que détenait la Révolution française pour la mentalité du XIX siècle. Ces idées s'étaient cristallisées sous le nom de démocratie libérale et se rattachaient aux Feuillants et aux Girondins modérés, ou sous l'étiquette de démocratie radicale et se rattachaient aux Girondins avancés et aux Jacobins.

Tout ce qui était issu de la Révolution française proclamait l'égalité des individus et l'inexistence des classes.

Cependant l'une et l'autre étaient automatiquement niées dans la pratique.

Moins hypocritement, le Manifeste communiste rejetait tout ce libéralisme pharisaïque, qui n'était en somme qu'un formalisme pour tromper les imbéciles. Il proclamait franchement ce que jusque-là on n'avait pas osé dire et qu'on se bornait à penser tout bas. Il proclamait l'inégalité, la dictature d'une classe sur les autres. Cette nouvelle classe dirigeante n'avait même pas besoin d'être absolument la plus nombreuse, comme c'est le cas avec le prolétariat dans les contrées de petite propriété rurale. Il suffisait qu'elle fût la plus indigente, la plus nécessiteuse, la moins éclairée - choses qu'évidemment le texte ne disait pas. Bref, c'était la classe la plus facile à endoctriner et à conduire où l'on veut et comme l'on veut, non seulement parce que la faiblesse de son intelligence la désarme contre la suggestion, mais encore parce qu'éventuellement elle a tout à gagner et rien à perdre.

Entre le Manifeste communiste et le Manifeste des Droits de l'Homme et du Citoyen, l'abîme n'est donc qu'apparemment infranchissable. En général s'il existe, ce n'est que dans les pays où la classe prolétarienne n'est pas encore la plus nombreuse. Elle tend à le devenir partout, même dans les contrées agricoles, où le capitalisme, cet autre allié judaïque, travaille assidûment à transformer la propriété, grande ou petite, en morceaux de papier. Les anciens petits propriétaires deviennent des ouvriers des villes et les anciens grands propriétaires exploitent en fainéants le travail des premiers par l'entremise de la banque et de la bourse enjuivées. Entre temps, la démocratie accélère ce processus par les impôts sur les héritages et par le morcellement de la terre jusqu'à des fractions qui bientôt ne seront plus que zéro dans la pratique de l'économie.

Le Manifeste communiste n'a donc fait qu'accélérer une évolution que les milieux dirigeants de la subversion estimaient trop lente. Cette évolution commença le jour de la proclamation de l'égalitarisme individuel : elle date donc de la Révolution française. En apparence et pour les esprits superficiels, c'est-à-dire pour la majorité des hommes, Marx, semblait brûler ce que celle-ci faisait profession d'adorer, « l'immortel principe « de l'égalité des hommes et des classes. C'était la base indirecte mais fatale du droit de la majorité, en un mot, ce qui constitue toute la légalité démocratique. C'est pourquoi la démocratie moderne, légataire de la première Révolution, accusa le prince de la seconde Révolution de vouloir rétablir le règne du privilège, l'ancien régime à rebours.

Il y a encore une autre question et on s'ingénie à persuader aux gens qu'elle constitue un abîme entre le programme révolutionnaire numéro deux, exposé dans le Manifeste communiste de Marx et le programme numéro un, celui des « immortels principes « formulés par la Révolution française et sur lesquels se pâmaient encore les hommes de 1848. Il s'agit du principe nationaliste que la Révolution française et, plus encore à sa suite, les révolutions de 1848 semblaient exalter, tandis que le *Manifeste* le relègue parmi les vieilles lunes.

La Révolution française n'a fait que se servir du sentiment nationaliste pour repousser l'invasion étrangère, comme un homme attaqué ramasse le premier bâton qu'il trouve sur la route pour se défendre contre l'agresseur ; mais il aurait aussi bien pris une pierre s'il en avait trouvé une qui eût fait son affaire. Par la suite la Révolution découvrit dans le nationalisme français un levier pour son prosélytisme offensif et elle continua à s'en servir après avoir apprécié son efficacité. Cependant, à ses débuts, la Révolution appelée française n'avait que le désir de devenir internationale.

Dans ce but, elle assemblait à Paris de véritables congrès des éléments subversifs de tous les pays, comme le fait aujourd'hui la révolution moscovite. Celle-ci, sans aucun doute, ne manquera pas de brandir l'étendard nationaliste le jour où les puissances de l'Ouest se décideront enfin à l'attaquer et surtout à envahir le sol russe. D'ailleurs la révolution chinoise actuelle, que nous savons tous être issue de celle de Moscou, ne le brandit-elle pas déjà pour paraître sacrée aux yeux des stupides Européens ?

Pour les mouvements révolutionnaires de 1848, le nationalisme avait été une opportunité trop évidente pour qu'il soit nécessaire d'insister. Nous l'avons déjà fait à plusieurs reprises sur les services incalculables que rend à la cause de la subversion le nationalisme, parce qu'il divise le front chrétien et l'empêche de s'unir contre l'ennemi commun.

Les groupements qui marchent à la remorque de la Révolution française seraient donc bien mal inspirés et bien ingrats aussi, s'ils se mettaient à renier cet allié d'autant plus précieux qu'il ne sait pas lui-même qu'il en est un et peut-être, dans la pratique, le plus important de tous.

Ouvrons la fenêtre et donnons-nous la peine de regarder ce qui se passe dans la rue : nous verrons la Révolution mondiale qui, très stratégiquement, s'est divisée en deux armées ayant chacune son objectif différent.

La mission de l'une - celle qui se réclame ostensiblement de la Révolution française et de 1848 et prétend effrontément être la barrière de l'autre - est de se disperser parmi les nations chrétiennes pour exciter jusqu'à l'hystérie leurs antagonismes nationalistes. En même temps elle doit envenimer au nom de la démocratie, les vieilles animosités entre groupes et individus de la même nation. Ces animosités n'ont pas été encore épuisées par la Révolution française dont l'œuvre d'égalisation et de nivellement n'est pas achevée.

La mission de l'autre - celle qui communie dans le *Manifeste communiste* - est d'unifier et de concentrer en un seul bloc homogène et compact, autour du noyau juif, toutes les forces militantes de la subversion. Ces forces fourniront les bataillons d'assaut destinés à enfoncer le front adverse préalablement divisé, aussi bien horizontalement par les nationalismes, que verticalement par la démocratie de toutes les couleurs.

Nous voyons que tout cela se tient et ne constitue qu'une seule et même conspiration, pour laquelle le nationalisme n'est que ce que le cléricalisme était dans la pensée de Gambetta : un article d'exportation là où l'opportunité judaïque y trouve son compte. Or, il se trouve que c'est presque partout le cas, en Europe, comme dans d'autres parties du monde. On l'exporte donc pêle-mêle avec les Droits de l'Homme et avec la paperasse communiste, et voilà pourquoi le nationalisme jouit aujourd'hui d'un tel renouveau de faveur.

La Commune de Paris fut, en quelque sorte, la première entrée dans le monde des faits de la seconde vague révolutionnaire. Elle devra se manifester plus tard sous la forme plus aiguë du bolchevisme et du terrorisme prolétarien, mais jusque-là elle n'était pas encore sortie du monde des idées spéculatives. C'est en 1871 que ce nouvel avatar de l'esprit de révolte dont les adhérents, loin de s'incliner, comme tous les révoltés antérieurs, devant les « immortels principes », les regarderont comme rétrogrades et déjà périmés - se rencontrait pour la première fois avec la vie.

Les deux courants révolutionnaires, partis de la même souche juive, n'étaient pas séparés par un fossé, mais s'emboîtaient l'un dans l'autre. La Commune était leur point d'intersection. Elle procédait en quelque sorte des deux et constituait comme une espèce zoologique intermédiaire. C'est ce manque de caractère entier et tout d'une pièce qui a provoqué son échec final et empêché un avènement du bolchevisme en un point de l'Europe, environ cinquante années avant la date fixée par le destin.

L'étude de la Commune parisienne est particulièrement intéressante, parce qu'on y discerne les deux courants révolutionnaires, celui de 89 et celui du *Manifeste* qui s'affrontent, se gênent réciproquement et finissent par faire échouer l'entreprise qui avait commis la faute de vouloir les concilier.

Deux sortes d'éléments humains se trouvaient confrontés dans le personnel dirigeant de la Commune.

Il y avait les prolétaires restés sous l'inspiration directe de la première Internationale, qui étaient déjà les ancêtres spirituels des bolcheviks actuels, de même que la première Internationale était la génératrice de la troisième. Ceux-ci se détournaient dédaigneusement du « Jour de gloire » déjà rétrograde de la Révolution française et ne regardaient que le « Grand Soir » de l'avenir.

Il y avait aussi les petits bourgeois et épiciers de la capitale, aux idées « à la Homais », qui ressemblaient plutôt aux radicaux et radicaux-socialistes d'aujourd'hui, républicains gonflés avant tout de vocabulaire anti-clérical, parfois même nationalistes et vaguement cocardiers dans le sens des « immortels principes ». Ceux-ci ne s'accordaient qu'à demi avec la tradition révolutionnaire de 89 et de 48 mais, tout particulièrement, avaient encore des égards pour ce qui leur paraissait être le critérium de la légalité démocratique, c'est-à-dire pour le principe de la souveraineté qui réside dans les voix de la majorité du peuple. Ils semblaient ne pas se rendre compte qu'ils avaient automatiquement rompu avec ce principe, pour la bonne raison que la Commune n'était pas française, mais seulement parisienne. Au point de vue de la légalité démocratique, telle que la concevaient les maîtres de l'école, une ville, fût-elle la capitale et même la Ville-Lumière, n'a pas le droit de disposer du sort de toute la nation. Surtout sans mandat de la part de cette dernière et à son insu puisque à un moment donné les communications entre Paris et le reste de la France avaient été interrompues.

Les communards, par une force majeure indépendante de leur volonté, ne pouvaient pas être en règle avec la France au point de vue de la prétendue légalité déterminée par le nombre des votes. On se demande alors pourquoi un si grand nombre d'entre eux mettaient tant de soin à ne pas transgresser ce principe sacro-saint de la démocratie par rapport à la ville de Paris.

Ce souci des « immortels principes » allait si loin, qu'à un moment donné ils ont laissé passer la possibilité d'écraser le gouvernement de Thiers installé aux portes de Paris, à Versailles, parce qu'il fallait procéder à des élections et demander la permission de la démocratie.

C'était bien le fait de timides boutiquiers habitués à leur routine et c'est ce qui a fait dire à Marx et à Lénine que les communards n'étaient que de piètres révolutionnaires empêtrés dans leurs principes issus de la Révolution française, comme d'autres le sont dans leurs préjugés d'ancien régime.

La Révolution française était en effet pour eux l'ancien régime. Ils étaient saturés de son esprit jusqu'à la moelle de leurs os et manquaient totalement de souplesse et de hardiesse. Les immortels principes de 1789 et de 1848 les tenaient par un drôle de sentiment où il y avait du respect humain, de la timidité et du scrupule.

Or, les vrais révolutionnaires n'agissent pas ainsi ; ils n'attendent pas qu'on leur donne le pouvoir, ils le prennent et se moquent de la prétendue volonté populaire sur le compte de laquelle ils savent à quoi s'en tenir de la même façon que jadis leurs pères se sont moqués du droit divin, qui avait été la chose sainte de l'époque. C'est ainsi qu'agirent les bolcheviks, forts de l'expérience communarde dont ils avaient fait leur profit, ce que d'ailleurs ils sont les premiers à confesser.

Nous serions fort embarrassés si nous devions dire qui a été la personnalité en chef de la Commune. En fait, il n'y en avait pas. Depuis le commencement jusqu'à la fin, il y eut un Comité central, sorte de « Soviet de la Garde Nationale », qui se chamaillait avec la Commune proprement dite, au lieu de la prendre par le museau. C'est ainsi que les bolcheviks devaient agir un demi-siècle plus tard, à l'égard de tout ce qui leur résistait, à gauche comme à droite.

Dans ces conditions, une révolution surtout avec des idées aussi avancées, ne pouvait pas vaincre. C'est ce qui désolait Marx dont les conseils n'étaient pas écoutés et dont les agents étaient débordés par la Tour de Babel des démocrates du relativement « ancien régime ».

Cependant, vue sous un autre angle, la Commune parisienne fut extrêmement « dernier cri ». Elle réalisa le premier essai dans l'histoire d'un gouvernement d'ouvriers par les ouvriers, qui y étaient en majorité, mais dont la pâte malléable n'avait pas eu le temps d'être suffisamment préparée et pétrie par la première Internationale. On y sentait la période de transition entre l'idéologie romantiquement féroce qui se rattache à l'année 1848 et le cynisme impitoyablement utilitaire et matérialiste qui devait prévaloir dans l'avenir. Les influences judaïques y étaient considérables, mais cependant le judaïsme, peut-être surpris par la rapidité avec laquelle s'étaient déroulés les événements, n'avait pu se rendre maître de la situation, comme cela devait arriver en 1917 à Petrograd.

C'était bien la dictature du prolétariat, mais sans dictateurs juifs pour exercer la dictature sur cette dictature. C'est peut-être ce qui explique la faiblesse de la Commune, en dépit de ses atrocités peu systématiques, et sa faillite finale. Une révolution, fût-elle la plus avancée, est vouée à la dispersion s'il n'y a pas de Juifs pour la diriger automatiquement et en concentrer les mouvements en les solidifiant dans l'ambiance de leur impérialisme anti-chrétien.

Les chrétiens, ne fussent-ils que des ex-chrétiens comme les communards, commettront des crimes qui ne sont pas nécessaires et omettront de les commettre quand ils le seront. La Commune a eu beau avoir fusillé un archevêque et des généraux et mis par terre la colonne Vendôme, elle avait des scrupules qu'un gouvernement juif n'aurait pas eus. Elle assassinait, puis se disculpait avec des phrases déclamatoires qui rappelaient les propos grandiloquents de la Convention, au lieu de mépriser l'opinion et d'y aller carrément. C'est ainsi qu'agit le Juif, ce révolutionnaire de naissance.

Elle avait cependant adopté certaines méthodes qui firent plus tard la fortune du bolchevisme. Elle prenait des otages, et de cette manière terrorisait ses ennemis qui tremblaient et craignaient pour le sort des leurs.

C'est cette méthode de prendre des otages et de les faire périr par centaines dans les tourments pour chaque attentat contre un bolchevik de marque qui a préservé la vie des grands chefs de la révolution moscovite.

Les Français qui liront ces lignes et qui ont entendu de la bouche de leurs parents ou de leur aînés ce qu'a été la Commune de 1871 seront surpris d'entendre qu'un des plus graves reproches que les chefs de la révolution moscovite, tels que Lénine ou Trotsky, adressent aux communards, est d'avoir été trop remplis de mansuétude à l'égard de leurs administrés et de leurs adversaires. Rien que cela suffit pour donner une idée terrifiante de ce qu'a dû être en Russie l'année 1917 ainsi que les dix années qui l'ont suivie.

Une seule génération nous sépare de la Commune. Il est donc inutile d'insister sur la mansuétude de ses procédés, car son histoire est suffisamment connue et presque vivante encore dans les imaginations.

Un des traits saillants de son caractère est le sectarisme qu'elle déploya à l'égard de la religion chrétienne. C'est la marque indélébile du judaïsme qui était à ses origines spirituelles, car il suffit de réfléchir un peu pour comprendre que cette haine irraisonnée et si particulièrement profonde pour le prêtre catholique, n'était pas un sentiment naturel ou inhérent à l'âme du prolétaire à une époque où l'Église avait depuis longtemps cessé d'être un facteur de domination ou de persécution possible et que chacun était libre de l'ignorer lorsque cela lui plaisait.

Le Second Empire est trop proche de nous pour qu'il soit nécessaire d'expliquer qu'il ne fut pas une époque d'intolérance religieuse ou de hautes influences ecclésiastiques, susceptibles de gêner en quoi que ce soit les populations. Loin de là, ce fut, tout au contraire, une époque d'indifférence en matière religieuse, comme il y eut peu de précédents dans l'histoire. Les pratiquants n'étaient que le petit nombre, et même quand ils l'auraient voulu, ils n'auraient pu exercer aucune pression sur leurs concitoyens. C'était aux abords des temples de Mammon, de plus en plus nombreux, et non autour des édifices du culte catholique, qu'il fallait chercher les faveurs de la fortune.

Enviait-on les richesses du clergé dont on ne voyait même pas les indices qui permettent de soupçonner leur existence?

C'étaient les banquiers qui possédaient les beaux équipages, les hôtels particuliers somptueux, les écuries de chevaux de course, les cocottes parées de pierreries, dont la vue aurait pu exciter les sentiments mauvais, et cependant très humains, de cupidité, d'envie, de dépit, dans les cœurs de la classe ouvrière. Mais rien, absolument rien, dans l'aspect des ecclésiastiques, souvent fils d'ouvriers eux-mêmes, ni dans leurs attitudes, ne pouvait rationnellement prêter à de pareils sentiments.

Pour la seule raison que nous ne croyons pas à Mahomet, voulons-nous démolir les mosquées ou assassiner les « mullahs » ? Jamais dans la cervelle du plus méchant, du plus vicieux ou du plus dépravé d'entre-nous, cette pensée n'a même germé, car enfin pourquoi, à propos de quoi cette idée nous viendrait-elle ?

Y a-t-il là-dedans du sadisme, une perversion sexuelle ou une dépravation cérébrale quelconque qui se rattache à des états pathologiques connus ? Pas même cela.

Chose inouïe, cela se passait en un siècle d'indifférence religieuse presque totale. On était alors absorbé par le machinisme et les préoccupations théologiques, liturgiques ou dogmatiques, tenaient moins de place que jamais.

Voici un sujet que nos contemporains ont tort de ne pas méditer. Qu'ils daignent réfléchir seulement d'où pouvait venir chez l'ouvrier parisien de 1871 cette haine tout à fait spéciale pour le prêtre qui n'était ni son patron, ni son contremaître. Le prêtre n'était pas particulièrement lié avec ceux-ci. S'il plaisait à l'ouvrier d'être incroyant, le prêtre se trouvait totalement en marge de sa vie et n'exerçait aucune influence sur son avenir.

Ni l'esprit ni le costume du prêtre n'avaient rien qui puisse susciter son envie, moins même que l'aspect ou le costume d'un bourgeois très moyen. Logiquement, et cela d'autant plus s'il était incroyant, le prêtre n'aurait dû être pour l'ouvrier qu'un passant qu'on croise dans la rue, sans droit sur lui et sans prise sur sa destinée.

De quelle profondeur mystérieuse pouvait donc venir cette haine ? Poser cette question, c'est y répondre. Assurément cette profondeur mystérieuse n'était pas dans l'âme de l'épicier ou de l'ouvrier. Cette suggestion mentale venait de l'extérieur. Elle avait sa source dans les milieux intellectuels radicaux ou socialistes, et dans les loges maçonniques.

Mais en répondant ainsi on ne résout pas le problème, il reste entier et on ne fait que l'ajourner.

Lorsqu'on raisonne sur ces sujets, on oublie toujours une grande vérité psychologique : c'est que pour haïr une foi, il ne suffit pas de ne pas posséder cette foi, car zéro ne peut qu'ignorer, non haïr ; il faut avoir une foi contraire, une foi négative par rapport à l'autre foi.

On oublie encore une autre vérité psychologique, peut-être plus importante au point de vue du sujet que nous traitons : c'est que pour haïr une foi religieuse, il faut avoir une autre foi religieuse. Le fait d'avoir une foi politique, sociale, patriotique ou autre, ne pourrait, à la rigueur, expliquer indirectement cette haine qu'à une époque d'intolérance religieuse, à une époque où la religion aurait été intimement mêlée à la politique, aux rapports sociaux ou internationaux, de façon à altérer effectivement le caractère de ces choses.

Or, s'il y a un siècle dans notre ère qui mérite beaucoup de reproches, mais qui ne mérite certainement pas celui-ci, c'est bien le XIX$_e$ et surtout sa deuxième moitié. Ce n'est donc pas dans la foi politique, économique ou sociale de la gent maçonnique, radicale et socialisante, mais exclusivement dans sa foi religieuse anti-chrétienne que nous devons chercher l'horreur profonde et satanique que lui inspirait le christianisme et plus particulièrement l'Église catholique romaine.

Cette aversion implacable se communiquait à la classe ouvrière et à la petite bourgeoisie par mille canaux souterrains savamment aménagés à cet effet. Et cette foi religieuse des milieux subversifs dirigeants, n'était pas, comme beaucoup de nos contemporains l'imaginent naïvement, l'accessoire de la politique ou de l'économique. C'était et c'est précisément l'essentiel de la subversion mondiale, et c'est la politique, l'économique ou l'ethnique selon les opportunités variables - qui en sont l'accessoire.

Ce mal apocalyptique par excellence continue chez les hommes la révolte de l'ange qui n'a plus voulu servir. Il prolonge le péché de l'Eden, car les hommes ont cru que par la désobéissance ils deviendraient semblables à Dieu et se gouverneraient eux-mêmes sans tenir compte de l'autorité.

Nous en avons une preuve éclatante dans la Russie actuelle. Dans le domaine économique, nous y voyons amplifiés et intensifiés les pires procédés de servage capitaliste ou des abus de l'époque médiévale : c'est la misère des humbles en même temps que la débâcle des riches, au profit` des seuls Juifs et de leurs serviteurs immédiats. Dans le domaine politique, c'est une oligarchie aristocratique à rebours, aux trois quarts judaïque, qui gouverne le peuple avec une verge de fer. Mais la foi religieuse et tout ce qui s'y rattache y est à l'antipode de l'idéal chrétien, comme une antithèse l'est à une thèse.

Cela suffit pour que tous les éléments socialisants du monde entier soient d'accord pour se solidariser avec cet état de choses, qu'en vertu des principes purement profanes qu'ils prétendent exclusivement professer, ils auraient dû condamner le plus violemment. Cela suffit aussi pour que les éléments qui ne s'avouent que radicaux, ou même seulement libéraux, aient de la peine à dissimuler à l'égard de ce scandale de l'histoire, la sympathie discrète mais tout aussi profonde qu'il leur inspire. Et cela suffit encore pour que les éléments capitalistes des deux hémisphères fassent secrètement cause commune avec le bolchevisme. Il serait depuis longtemps mort, ou plutôt sans leur appui ne serait pas né, en dépit de ses déclamations anticapitalistes, destinées à l'exportation et à la diffusion parmi les pauvres (égarés par leur dénuement), dans le genre de ceux dont les bras et les fusils, mais non les cerveaux firent la Commune parisienne de 1871.

Ce lien, nous le voyons bien, n'est pas une foi ayant un caractère profane ou laïque.

C'est quelque chose de moins apparent, mais d'infiniment plus permanent et plus profond.

Ce lien mystérieux, c'est la foi religieuse, une foi aussi profondément ancrée dans l'âme des prosélytes que l'a été celle des premiers chrétiens, une foi qui n'a pas eu seulement ses profiteurs, mais, nous devons en convenir, également des apôtres désintéressés, qui pour elle ont enduré les persécutions et versé leur sang.

Ici, nous nous trouvons devant un mystère métapsychique insondable pour l'intelligence même élevée de l'homme ordinaire. Comment concevoir qu'il y ait des hommes capables de s'immoler par amour désintéressé du mal sans rien espérer ni pour leurs âmes immortelles, ni au temporel pour leurs enfants, ou ceux qu'ils aiment, puisque dans beaucoup de cas, ils vont jusqu'à sacrifier froidement ceux-ci, avec le sentiment d'un sinistre devoir accompli ?

Ce sont là cependant des faits indéniables et si absolument prouvés par l'histoire de tous les pays et de tous les temps, y compris le nôtre, que nous ne pouvons pas nous refuser à les constater. Si nous voulons en donner une explication que nous chercherions vainement dans notre propre logique humaine, nous ne pouvons que la chercher dans la seule des sciences qui nous la donne. Et cette seule science - que nos lecteurs agnostiques nous le pardonnent - est la théologie chrétienne.

Nous y trouvons les deux types de désintéressement surhumain et absolu, celui de l'Être qui ne peut plus, bien que Tout-Puissant, augmenter son exaltation : Dieu, et celui de l'être qui ne peut plus aggraver sa dégradation : Satan. Le bien suprême et le mal suprême sont donc les deux types parfaits du désintéressement et, puisque tout en ce monde procède, soit de l'un, soit de l'autre, le désintéressement de certains hommes dans le mal est tout aussi explicable que le désintéressement des autres dans le bien. Ne faire le mal que par intérêt, par calcul et pour la satisfaction de la chair, n'est que faiblesse de la chair. A peu d'exceptions près, nous en sommes tous là. C'est le fait des masses, non celui de leurs véritables conducteurs spirituels qui dirigent dans l'histoire la grande offensive du mal et qui, eux, ne le font, ni par intérêt, ni par faiblesse charnelle, ni par calcul. Ils le font par amour, par cet amour négatif qui est la haine de tout ce qui procède de Dieu.

Il y a un courant de satanisme dans l'histoire, parallèle à celui du christianisme et, d'une façon désintéressée comme lui, en lutte perpétuelle avec lui.

Cette haine mystérieuse et profonde est d'une essence différente et supérieure à celle des autres haines que nous rencontrons à travers l'histoire. Celles-ci peuvent être féroces et coupables, mais n'en ont pas moins des mobiles strictement humains, tels que l'envie, l'orgueil, la rancune, la vengeance. Elles n'ont pas ce caractère permanent qui se rapporte toujours au même objet sans que jamais cet objet en fournisse la cause, selon la parole même du Christ : « Ils M'ont haï gratuitement ». Par le fait même qu'elles se rapportent à quelque chose de déterminé et de précis, à des causes tangibles dont le poids correspond à celui de l'effet, elles n'ont pas ce caractère effrayant d'un flux d'hystérie élémentaire qui fait songer involontairement, qu'on le veuille ou non, à la possession démoniaque. Le Christ l'a définie avec ces paroles : « C'est à présent votre heure, celle de la Puissance des Ténèbres ».

Cette haine-là a un élément en soi qui dépasse la raison et est en dehors du Pondérable. Elle correspond à une crise mystérieuse dont le champ n'est pas le corps, mais l'Esprit.

**

Après la Commune, la flamme révolutionnaire rentra sous terre où elle couva pendant quarante ans avec ça et là de brusques et violentes flambées locales.

En 1789 l'incendie avait ravagé la France. En 1848 il s'était étendu à l'Europe.

En 1914 le monde entier s'embrasa avec la Grande Guerre, prélude des bouleversements sociaux dont le Bolchevisme est la première manifestation concrète.

1914-1918
LA GUERRE MONDIALE

Lorsque l'ordre de la mobilisation générale retentit des Pyrénées aux confins de la Chine, l'impression produite sur les peuples divers fut celle de la stupeur plutôt que celle de la consternation. On ne se rendait pas compte d'une façon exacte de ce qui arrivait.

Pour la majorité des hommes, la guerre signifiait une ou plusieurs grandes batailles à quelques jours ou à quelques semaines d'intervalle. Puis, sauf dans quelques coins des territoires, où la frontière serait avancée ou reculée de quelques dizaines, rarement de quelques centaines de kilomètres, tout rentrerait dans l'ordre ancien.

Tenant compte de l'intensité des armements modernes que les applications de la physique et de la chimie rendaient excessivement meurtriers, on se doutait bien que le chiffre des morts et des blessés serait cette fois très supérieur à tout ce qui s'était vu jusqu'à nos jours.

Une guerre de ce genre, une guerre des conscriptions universelles, ne pouvait pas être une guerre en dentelles, comme aux époques où les Élites seules avaient le droit de se servir des armes. La brute, n'en déplaise aux admirateurs de la démocratie, prédomine plus particulièrement dans les couches inférieures du genre humain, et la guerre moderne n'a fait que prouver une fois de plus ce que les jacqueries et les révolutions, où agissent ces éléments, avaient prouvé depuis fort longtemps.

Un des grands mérites du christianisme a consisté précisément à faire du métier des armes le « noble métier « réservé aux meilleurs et considéré comme un privilège, qui comporte des devoirs spécifiques connus sous le nom de code de l'honneur.

D'autre part, la guerre moderne, qui est une guerre de nations et non une simple guerre d'armées, vise à détruire la production économique de l'ennemi tout autant que sa force combative proprement dite. Elle se fait donc des dévastations une sorte de devoir stratégique et, par ce fait, elle est déjà nécessairement immorale en elle-même et en ses méthodes. Et cela se fait cruellement sentir surtout lorsqu'elle se passe sur le territoire de l'adversaire.

En revanche, on espérait que ce mal serait dans un certain sens un bien, parce qu'il abrégerait le conflit.

La croyance générale était que la guerre, qui avait commencé avec le mois d'août, durerait deux ou trois mois, tout au plus jusqu'aux premiers froids.

Nous étions les premiers à penser ainsi.

Nous pensions que la Russie serait très rapidement mise hors de combat, tandis qu'à l'Ouest le résultat serait indécis avec peut-être un léger avantage pour l'Allemagne. Les puissances occidentales trouvant alors superflu de subir des pertes incalculables pour préserver l'intégrité de la Russie, auraient traité avec l'Allemagne, laquelle n'ayant pas de motifs suffisants pour avoir des exigences quelconques à l'Ouest, aurait pu se dédommager presqu'au centuple à l'Est.

De la sorte, une paix avantageuse pour les deux côtés aurait pu être conclue, paix réellement sans vainqueurs ni vaincus, Russie exceptée, sur les bases d'un partage de cette dernière, ou d'une partie de cette dernière, en zones d'influences échues à chacune des parties belligérantes respectives, tout en sauvegardant la souveraineté du tsar, à la manière dont on sauvegardait la souveraineté du sultan en Bosnie, en Crète et en Macédoine.

Cette solution aurait marqué pour longtemps la fin de la congestion des peuples civilisés, qui en réalité était la seule cause organique de la guerre et que, naïvement, nous croyions alors être la seule qui agissait.

En faisant abstraction de ce qui se passait dans les coulisses et de ce que ne pouvaient savoir que les initiés, les premiers événements de la grande guerre donnaient entièrement raison à ces pronostics.

Quelques semaines s'étaient à peine écoulées que le gros de l'armée allemande se trouvait arrêté dans son impétueux élan vers Paris et obligé de se retrancher, mais non battu, et encore moins écrasé, lors des mémorables journées de la Marne.

Simultanément, le gros et la fleur de l'armée russe étaient littéralement écrasés par une faible partie des forces germaniques, dans la grande bataille de Tannenberg.

À partir de cette date, la guerre était terminée en ce sens que le résultat final pouvait être déterminé d'avance. Ce résultat ne devait plus être que la consommation de la bataille de la Marne à l'ouest, et celle de la bataille de Tannenberg à l'est. Ces deux batailles portaient en elles les quatre années d'inutiles boucheries qui allaient suivre, comme les graines portent en substance les arbres.

Ceux qui avaient présumé que la guerre ne devait pas durer plus de deux ou trois mois ne s'étaient pas trompés au fond, car en tout autre siècle et en tout autre âge, la guerre aurait été terminée avec ces deux batailles. L'une arrêtait les Allemands là où ils ne devaient pas aller, là où il était irrationnel qu'ils aillent, parce qu'en y allant ils ne pouvaient qu'augmenter la congestion de tous, en commençant par la leur.

Cette première bataille contenait un avertissement écrit en lettres de sang, qui leur démontrait plastiquement que ce n'était pas là le chemin qu'ils devaient suivre, chemin qui ne devait pas nécessairement passer par Paris.

L'autre bataille leur ouvrait à deux battants les portes des immensités russo-asiatiques, là où ils devaient aller, là où leur avance pouvait signifier le commencement de la décongestion des peuples civilisés, car là il y avait de la place au soleil en surabondance, non seulement pour les Allemands, mais pour tous ceux qui auraient le bon esprit de suivre leur exemple. Sur ces vastes étendues, ni les uns ni les autres ne se seraient gênés mutuellement et n'auraient pas de raisons pour vouloir s'éliminer.

Ceux qui avaient présumé que la guerre ne durerait pas plus de deux mois s'étaient donc trompés dans la pratique. Mais ils s'étaient trompés parce qu'ils pensaient de bonne foi que la guerre avait pour les uns ou pour les autres une fin d'utilité effective et aussi parce qu'ils avaient ignoré l'existence d'un facteur tout-puissant dont les aspirations et les intérêts étaient en marge et en dehors de ce qui était salutaire et profitable pour chacun des belligérants, ce qui signifie pour tous.

Dans une Europe composée de monarchies absolues, dont les gouvernants n'auraient pas eu à tenir compte des contingences et influences occultes, qui agissent au détriment du véritable bien des populations ; dans une Europe où le capitalisme anonyme n'aurait pas tenu en mains les commandes de tous les ressorts de la vie personnelle et collective, faisant marcher tous les rouages à rebours des fins auxquelles ils sont destinés, la guerre n'aurait certainement pas duré plus de deux ou trois mois. L'issue adoptée pour la liquider promptement et à l'avantage de tous aurait fort probablement été assez proche et dans le genre de celle dont nous venons de tracer une brève esquisse.

Cette prompte et avantageuse liquidation d'un cataclysme effrayant qui menaçait de s'étendre encore et de devenir mondial, d'européen qu'il était déjà, s'imposait à tous les esprits logiques et à tous les cœurs honnêtes. Ce qu'on appelle la logique, l'évidence, la vérité sont des choses qui possèdent, tout de même, une très grande force en soi, et elles menaçaient de déborder comme une avalanche des cœurs et des cerveaux oppressés.

C'était là un immense péril et il fallait à tout prix le conjurer avant qu'il ne fût trop tard. La propagande enjuivée, celle qui confectionne l'opinion publique des multitudes mit tout en œuvre pour cette lutte suprême.

Ce fut une autre guerre, parallèle à la guerre tangible, sans laquelle celle-ci aurait duré moins de mois qu'elle n'a duré d'années. Cette campagne de la subversion se dissimulait sous des costumes nationaux et se faisait passer pour bien pensante.

La mentalité humaine fut le champ de bataille où elle fit des ravages aussi effrayants, bien que moins apparents, que ceux de l'autre dans son domaine.

L'histoire de cette guerre-là n'a pas encore été écrite. Le jour où elle le sera, l'humanité en sera terrifiée, et si cette humanité n'est pas celle d'aujourd'hui, chez laquelle les traces de l'envoûtement persistent encore, elle sera constituée par les générations futures.

Les événements qui se sont déroulés à partir de 1914, si nous les considérons selon les exigences logiques de la politique internationale telle qu'elle nous est enseignée dans l'histoire, ne constituent qu'un enchevêtrement de contradictions

Ces événements deviennent intelligibles et même tout à fait clairs à la lumière de cette vérité : la grande guerre n'était qu'une façade derrière laquelle se dissimulait la révolution en marche.

Tout le monde sait que la guerre a été une tragédie sans exemple, et des statistiques détaillées nous fournissent le nombre de ses morts et de ses mutilés, de ses villes détruites, de ses champs dévastés, de ses monuments historiques irréparablement endommagés.

Ce sujet a été traité par de nombreux auteurs appartenant à toutes les nations belligérantes. Nous ne perdrons pas notre temps à répéter ce qui est universellement connu.

Nous avons à nous occuper ici d'un autre genre do dommages, dont il a été étrangement peu parlé et qui n'en est pas moins cependant incomparablement plus grave dans ses conséquences lointaines et historiques que ces blessures, sur lesquelles le temps passera et que l'inévitable oubli cicatrisera.

La guerre mondiale a, la première, réalisé, sans distinction de pays et de régime, les idéaux subversifs à base de valeurs judaïques. Ces idéaux, les pires révolutions antérieures n'avaient fait que les ébaucher. Elle les a réalisés dans la pratique de la vie, dans les plis de l'accoutumance humaine, souvent sans le vouloir et au corps défendant de ceux qui les imposaient, et cela pour la bonne raison qu'elle ne pouvait pas durer, continuer, sans les réaliser.

On connaît le postulat fameux de Rousseau, qui se trouve au point de départ de deux siècles de subversion et tire lui-même son origine de la conception judaïque de la Cité : « La liberté consiste dans l'aliénation totale de chaque individu associé, avec tout ce qu'il possède, à toute la communauté ». C'est l'idéal idolâtre de l'homme qui oublie qu'il a été créé par

Dieu et pour Dieu, son Créateur, et se laisse persuader, dans sa démence, qu'il n'existe que par et pour la Cité.

La guerre mondiale a eu le privilège de sortir ces principes des laboratoires sociologiques et d'en faire l'application directe dans l'existence quotidienne de tous les humains.

La propriété privée cessait effectivement d'exister ; on ne vous y tolérait qu'en qualité de fonctionnaire fournisseur de l'État et dans la mesure où vous étiez utile à collaborer au triomphe d'idées que vous pouviez désapprouver.

Après vous avoir pris vos fils pour qu'ils se fassent tuer dans le but d'établir un état de choses « où la démocratie serait à l'aise », sans vous demander si, de votre côté, vous vous y sentiez à votre aise, on vous prenait vos chevaux, vos bœufs, vos voitures, vos ustensiles de ménage ; on vous ordonnait de planter des pommes de terre dans votre terre ; on vous mettait à la ration, même si vous étiez producteur d'aliments. Parfois on vous prenait votre maison, ne vous laissant que juste l'espace indispensable pour vivre. Et tout cela s'appelait poliment « réquisitionner ».

On s'immisçait dans vos comptes privés, on contrôlait vos gestes de propriétaires sur votre domaine. Si vous étiez industriel, on militarisait votre industrie, et si vous étiez ouvrier, on vous mobilisait pour le compte de l'État. Avec tout ce que vous aviez et avec tout ce que vous étiez, on vous considérait comme une propriété de l'État, comme une chose, comme une fonction de la guerre, comme un automate sans autre sentiment, sans autre pensée et volonté que ceux des dirigeants.

Vous deviez être tout feu et flamme pour la guerre, la considérer comme votre propre querelle personnelle, et selon la latitude où le hasard vous avait fait naître, vous deviez considérer les Allemands, les Anglais ou les Français comme vos propres ennemis personnels.

Si l'un des vôtres était tué ou estropié, vous n'aviez rien à dire, et c'est tout juste si vous ne deviez pas vous estimer heureux lorsqu'on écrivait que c'était pour la démocratie.

Ceux dont la démocratie avait dépossédé, humilié fusillé ou guillotiné les pères et qu'elle s'apprêtait à traiter eux- mêmes en citoyens de deuxième catégorie, sans même se cacher de ses intentions, ceux qui, par le fait de leur intérêt, de leur tempérament et de leurs affinités natives, ne pouvaient subir le joug de la démocratie qu'avec une profonde horreur devaient s'estimer très heureux d'offrir leurs biens et leurs vies sur ses autels.

Le postulat mentionné de Rousseau, si nous réfléchissons à ce qu'il signifie, contient en lui la somme des possibilités, non seulement démocratiques et civiques, mais socialistes et communistes, qui ne sont que l'aboutissement rationnel des premières.

Or, cette invraisemblable et déconcertante utopie s'est trouvée, par le fait des nécessités exceptionnelles d'une guerre sans précédent historique, incorporée à la vie.

Lentement, progressivement, de mesure d'exception qu'elle avait été, elle passait dans les mœurs dans cette seconde nature de l'homme collectif qu'est l'habitude.

Du reste, la socialisation n'était pas officielle et juridique en ce sens que les grands propriétaires, industriels ou terriens, continuaient à être salués de ce nom. On leur témoignait le même respect qu'auparavant et ils jouaient un grand rôle, mais c'était un rôle de préposés à la production nationale, ou sociale, c'était un rôle à proprement parler de fonctionnaires de l'État, sous le strict contrôle de celui-ci. Ils n'étaient pas propriétaires dans la vraie et textuelle signification de ce terme, ils n'étaient pas maîtres après Dieu sur leurs possessions ancestrales à la seule condition de respecter des lois que nul être normal et civilisé ne cherche à transgresser.

Personne ne paraissait se rendre compte que cet état de choses réalisait de fait tout le programme socialiste, dont la seule condition vraiment essentielle - tout le reste n'étant que de l'accessoire démagogique - est le contrôle par l'État de toute production, plus explicitement de toutes les sources d'utilités et la distribution également par l'État de ces utilités.

C'est le capitalisme d'État dont parle Lénine et qu'il définit, dans ses nombreux ouvrages, comme l'avant-dernière étape, l'antichambre de son paradis.

Le passage de cet état de choses, - que les écrivains bolchevistes les plus notoires, Marx et Lénine en tête, qualifient de préliminaires et appellent de leurs vœux -, à celui que préconisent directement les apôtres de l'ordre nouveau, n'exige plus une révolution sociale ; il suffit d'une simple révolution de palais, ou plutôt de bureau.

Au capitalisme d'État bourgeois succède alors, sans grandes secousses, ce que Lénine appelle le capitalisme d'État prolétarien, lequel, de son propre aveu, est le régime actuel de la Russie-soviétique. D'ailleurs c'est Lénine que nous faisons parler ici presque textuellement.

Quant aux masses placides, pour lesquelles la gent subversive professe un dédain infiniment plus grand que ne le fût jamais celui des anciennes aristocraties, leur rôle ne consistera plus qu'à crier : « Le roi est mort, vive le roi » et à faire des pèlerinages au tombeau d'un Lénine quelconque, comme peu d'années auparavant on en faisait aux tombeaux des saints.

Pour les non-initiés, le nouveau monarque sera le peuple composé de paysans et d'ouvriers dont les volontés s'exprimeront par la voix des conseils élus directement par eux : *soviety* au pluriel en russe, *soviets*, si nous francisons.

Pour les demi-initiés, - les aveux de Lénine lui-même vont jusque-là, - ce nouveau monarque sera le parti communiste, en qualité de tuteur du reste de la population pauvre jusqu'au jour indéterminé où elle cessera d'être mineure.

Mais pour les initiés, - nous reconnaissons que les aveux de Lénine ne vont pas si loin, - le monarque n'est autre que le Mammonisme juif caché sous l'étiquette de « parti communiste ».

Dans tout ce raisonnement, sauf dans sa dernière partie, nous n'avons fait que suivre les données magistrales du plus grand des bolchevistes.

En acclimatant le socialisme et le civisme, jusque-là traités d'irréalisables chimères, les princes et les grands féodaux, dirigeants dictatoriaux de l'Allemagne et de l'Autriche jusqu'à une date proche de l'armistice, ont dans une plus forte mesure encore que les dirigeants démocratiques et enjuivés de la France républicaine, de l'Angleterre libérale et de l'Italie maçonnisante, pavé les chemins de la subversion qui devait être le grand phénomène de l'après-guerre. S'ils sont allés dans cette direction plus loin encore que leurs adversaires, ce n'est pas parce qu'ils l'ont voulu, mais parce que la configuration géographique de leurs pays, par rapport aux nécessités de l'état de blocus, exigeait une concentration plus complète entre les mains de l'État des sources d'utilités et des moyens de production. Cette situation exigeait un contrôle plus rigoureux de la propriété personnelle et de la personnalité humaine, ce qui revient à dire un état de contrainte sociale, - cette horrible contrainte dans laquelle Rousseau voyait le dernier mot de la liberté -, se rapprochant davantage encore de l'idéal socialiste.

Il ne faut pas croire cependant que les dirigeants des deux grandes monarchies réactionnaires, pour la plupart issus eux-mêmes de familles de grands propriétaires, étaient des sortes de fous qui ne se rendaient pas compte de ce qu'ils faisaient sous réserve qu'ils pouvaient surestimer quelque peu les vertus traditionnelles de leurs peuples et leur immunité plus grande par rapport au virus, ce en quoi d'ailleurs, ainsi que l'avenir l'a démontré, ils ne se sont pas trompés tout à fait, ils étaient parfaitement conscients des périls mortels que comportait leur conduite. Cependant ils ne pouvaient pas agir autrement, car en réalité ils se trouvaient entre l'enclume et le marteau.

Si l'enclume était le spectre affreux d'un acheminement progressif vers la transformation subversive de la mentalité des classes laborieuses, lourde de possibilités révolutionnaires, le marteau était la peur d'une révolution immédiate sous les auspices de l'inspiratrice fatale de tous les bouleversements sociaux : la faim.

Cette éventualité ne pouvait être évitée, ou tout au moins atténuée, qu'à la condition de pousser la production à ses extrêmes limites, les dépassant même par les inventions et applications des succédanés.

De ces deux éventualités, ils choisissaient donc la moins immédiate, la moins imminente. Ils se trouvaient dans la position tragique de gens qui roulent sur un plan incliné vers un abîme où ils doivent se briser en pleine connaissance de cause, sans qu'il leur soit permis de freiner et sans autre espoir que celui d'un événement heureux qui les sauve avant qu'il ne soit trop tard. Cet événement ne pouvait être qu'une victoire décisive, mais celle-ci, sur le front occidental, était devenue très problématique après la bataille de la Marne.

Ceux qui soutiennent que les antagonismes d'intérêts économiques ont déterminé la grande conflagration, ne se trompent pas. Cependant, ils se trompent s'ils croient que ces antagonismes étaient fatals.

La cause de la guerre fut le désir de changer la structure interne de la Société en général et de faire avancer d'un grand bond le progrès de la subversion mondiale.

Voici le Mot en Chef, lourd de signification profonde, vers lequel convergent tous les fils de l'histoire moderne et que ne doivent jamais perdre de vue ceux qui désirent sincèrement ne pas se perdre eux-mêmes dans leurs inextricables enchevêtrements.

La guerre était la nouvelle offensive de la Révolution, préparée par plusieurs décades de diplomatie tortueuse volontairement orientée dans un sens diamétralement contraire au bons sens.

Or, la Révolution ne se souciait guère de rendre l'Alsace-Lorraine à la France, le Trentin à l'Italie, ou de gratifier l'Angleterre d'un certain nombre de nègres en plus. Les changements de frontières politiques ne pouvaient l'avancer en rien. Ces vétilles, elle les abandonnait aux patriotismes aveugles qui avaient peiné si durement pour lui procurer son banquet triomphal. Son grand souci, but de quatre années d'exterminations sans exemple, était de faire disparaître les dernières bastilles qui constituaient une menace pour la sécurité du progrès démocratique, comme le déclara plus tard le Président Wilson.

D'ailleurs, aussitôt qu'il ne fut plus nécessaire de ménager les susceptibilités du tsar, victime inconsciente de son inconcevable folie, on s'empressa de le proclamer ouvertement à la face du monde entier. Pareil débordement n'était que la détente de ceux qui s'étaient imposé un effort pénible en gardant pendant si longtemps le secret qui dilatait leurs cœurs.

Dès que l'impérial convive fut pour ainsi dire « envoyé se faire pendre ailleurs », - et c'est tout juste si ce n'est pas textuellement la vérité -, on installa à sa place un copain qui comprenait la vraie signification des choses. On était enfin seuls, entre soi, en famille. Pourquoi donc continuer à refouler la lave des épanchements démocratiques qu'on avait eu jusque-là tant de peine à contenir ?

On s'abandonnait à la joie sans le moindre ménagement et sans la plus élémentaire délicatesse pour les myriades d'hommes bien pensants qui continuaient à souffrir et à se faire tuer pour la démocratie qu'ils exécraient et qui s'apprêtait à les traiter, dans tous les pays, en seuls véritables vaincus de la guerre.

Par suite du lent travail des termites sociaux, on ne reconnaissait plus que la propriété anonyme sur le terrain économique et l'autorité anonyme dans le domaine politique. On ne concevait plus l'héroïsme et le mérite que sous le voile de l'anonymat et de l'impersonnalisme démocratique. Les futures tombes des « Soldats Inconnu », qu'on devait exalter au-dessus, non seulement des grands chefs qui ont gagné la guerre, mais des héros plus modestes souvent issus de la plèbe, dont les noms et les lieux de sépulture sont connus, devaient être la preuve palpable de cette transmutation de la mentalité humaine par l'action des valeurs judaïques patiemment et inlassablement inculquées.

Selon le calcul des probabilités, il y a beaucoup de chances pour que le « Soldat Inconnu » français, anglais, italien, polonais ait été un homme du peuple. Il y en a même assez pour que la chose soit tacitement sous-entendue et que le culte nouveau ait ce caractère aux regards des masses. On s'en fera donc, fort ingénieusement une sorte de champion anonyme dont l'impersonnelle popularité contre-balancera en quelque sorte le prestige personnel des chefs ou héros « connus » qui ont le grand tort de constituer, à la face du monde, un témoignage flagrant d'inégalitarisme donnant, par cela même, un démenti formel à la théorie démocratique qui veut que l'homme ne soit qu'une fonction appartenant à la cité.

Nous devons reconnaître à la démocratie la vertu de la louable franchise dont elle fit montre dans les derniers dix-huit mois de la guerre. Elle ne faisait plus mystère que c'était à ses seules fins que se poursuivait le massacre.

Les buts de la guerre mondiale étaient bien arrêtés dans la pensée des milieux anonymes qui la voulaient totale. Ces buts étaient les suivants :

La démolition de l'empire féodal des Habsbourg et son remplacement par une fourmilière de républiques radicales et économiquement non-viables, ce qui devait fatalement les mettre à la merci du Juif.

La putréfaction judaïque de l'empire médiéval asiatique des tsars et sa transformation en une grande usine de microbes de la future révolution juive mondiale.

La création d'une république polonaise ardemment démocratique, qui se trouverait placée, par le fait du règlement absurde de ses frontières, dans un état d'hostilité latente, permanente et forcée contre l'Allemagne. On redoutait le réveil contre-révolutionnaire de celle-ci autant que sa nécessité vitale de pousser vers l'Est désormais sacré.

Tout naturellement, la république démocratique polonaise devait se trouver automatiquement condamnée à la nécessité tragique et honteuse de couvrir du côté de l'Ouest l'orgie judéo-satanique de Moscou. Et de ce côté, il était sévèrement interdit à qui que ce soit de troubler la fête, parce que d'elle devait sortir le noyau rayonnant de la décomposition universelle.

Nous devons ajouter à tout cela l'évolution démocratique des mentalités humaines, résultat de l'intervertissement des valeurs individuelles. Il fallait que le milieu européen devienne un bon bouillon pour la culture des microbes qui se préparaient simultanément en Russie.

L'évolution capitaliste ou socialiste de ces mêmes mentalités, par suite de l'introduction forcée des méthodes étatistes et de l'économie collective dans les pays qui s'en étaient jusque-là le plus défendus, ne doit pas être non plus laissée de côté, car elle devait collaborer avec l'évolution démocratique et contribuer à la confection du bouillon dont nous venons de parler.

Nous devons tenir compte aussi de l'accroissement prodigieux de l'endettement universel pour le plus grand bénéfice du Juif international et de l'ubiquité capitaliste créancière des futures grandes et petites démocraties. Les Nations elles-mêmes finançant indirectement la consommation de leur malheur.

Et enfin le but par excellence, celui qui résume et couronne tous les autres il fallait que l'épuisement physique, matériel et moral, la lassitude, l'énervement, la confusion des idées et des valeurs chez les vainqueurs et chez les vaincus fussent tels après la guerre, qu'aucun État ne fût à même de prendre l'offensive contre le rayonnement de la contagion dont le centre allait être Moscou. Rien ne devait empêcher cette mortelle infection de se développer librement en largeur, en longueur et en profondeur et de s'étendre sur le monde entier.

Ainsi nous croyons avoir épuisé tout ce qui a été le principal et l'essentiel dans la pensée directrice des milieux mentionnés, qui, après avoir délibérément rendu la guerre inévitable, la voulaient jusqu'au bout, jusqu'au moment où ces évolutions diverses devaient avoir le temps de produire des fruits de subversion suffisamment mûrs pour être cueillis.

Après trois années de guerre et d'indicibles souffrances, ce stade était atteint.

Le clan de la subversion internationale, dont les cellules avaient bien travaillé par la parole et la plume et dont les insinuations avaient porté sur tous les points vulnérables d'une sensibilité à l'état suraigu, se réjouissait d'un triomphe qu'il avait escompté de longue date et qui avait été le véritable objet de la guerre. Cependant, il ne manifestait pas trop bruyamment sa joie par égard pour la Russie où agonisait le tsarisme capable peut-être encore de se reprendre in extremis, comme certaines attitudes de ses derniers politiciens pouvaient le faire craindre. Mais sitôt ce dernier scrupule de prudence évanoui, la vérité longtemps contenue éclata.

Le Président Wilson s'en fit le héraut et donna le branle à la manifestation presque subite d'un nouvel état d'âme qui ne s'était pas fait tout seul, car rien ne se fait tout seul.

Ce fut comme ces incendies de forêts, qui couvent longtemps dans l'humus de la terre, consument les racines des arbres, et puis, tout à coup, éclatent en flammes et embrasent jusqu'aux sommets des arbres déjà à demi desséchés, mais ayant encore une apparence de verdeur.

À partir de ce moment, la guerre avait réalisé la plus grande partie de l'ouvrage qui, dans la pensée de ceux qui l'avaient déterminée, avait été sa raison d'être.

La démocratie européenne était désormais bien encadrée et même puissamment intensifiée. À l'Ouest, elle était flanquée de la démocratie de qualité supérieure américaine. À l'Est, elle s'offrait en modèle à la démocratie judéo- moscovite anxieuse de battre tous les records du progrès. À sa remorque, elle traînait les « jeunes » démocraties, elles aussi déjà plus démocraties que nationalismes, car le processus de la Pologne, de la Bohème, de la Croatie, de la Lithuanie et autres créations futures de la paix, qui devait compléter l'œuvre de la guerre, avait été simultané.

Dès lors, la démocratie pouvait avoir le verbe haut et se dispenser de travestissements désormais superflus. Elle ne devait plus hésiter à confesser, à la face du monde abasourdi, toute la hideuse vérité : ce n'était pas en vain que des rivières de sang avaient coulé et coulaient encore (on n'en était qu'à 1917) puisqu'elle était déjà maîtresse en puissance de son champ de bataille. Du reste, n'était-elle pas le vrai but de la guerre et ce but n'était-il pas atteint sur toute la ligne ?

La guerre dite des nations n'a été que le conflit attendu et préparé par tout un engrenage compliqué de manœuvres et d'intrigues occultes. Elle a été le duel de la résolution avec la contre-révolution.

Voilà la seule, la profonde signification de la guerre.

Jamais la démocratie ne s'est trouvée en aussi belle posture qu'à son issue. Jamais elle n'a eu l'occasion de passer aussi brillamment son examen devant les cinq parties du monde attentives.

Cependant, lorsqu'il s'agira de passer de la théorie à la pratique et de montrer aux peuples anxieux que la république n'est pas belle seulement sous l'empire on n'aura jamais assisté à une banqueroute aussi totale.

Mise à pied d'œuvre elle n'a pu que révéler dans le monde entier son incapacité et son effroyable nocivité.

1919 LE TRAITÉ DE PAIX - LE BOULEVERSEMENT DE L'EUROPE ET LA SOCIÉTÉ DES NATIONS

L'objet de la fameuse et pitoyable Conférence de Paris fut de légaliser et consolider par la paix judaïque les nouvelles conquêtes. Ces conquêtes n'étaient pas celles de la France, de l'Angleterre ou de l'Italie qui ne constituaient que l'accessoire, mais celles du progrès révolutionnaire et démocratique qui constituaient l'essentiel.

De nombreux congrès internationaux s'étaient réunis dans le passé. Au XIXe siècle il y eut celui de Vienne en 1815, celui de Paris en 1855, celui de Berlin en 1878, sans mentionner les autres de moindre importance ni ceux des autres siècles. Cependant, il n'y en avait jamais eu de comparables à la Conférence de Paris de 1919.

On n'en parlait pas comme d'une conférence où l'on « confère », où l'on discute et négocie, mais comme d'une espèce de Cour d'assises de l'histoire où, à la lumière de la Démocratie, le monde devait être jugé.

Devant cette Cour et en qualité de coupables ou d'accusés, des régimes et des conceptions historiques allaient comparaître.

Individus et nations, les uns pleins d'anxiété, les autres pleins d'espérance, attendaient le résultat de cette grande Conférence, comme s'il s'était agi d'une sorte de Jugement dernier. Tout devait s'y passer de la même façon que dans celui décrit par les textes sacrés, avec la seule différence que l'ordre y serait interverti : les bons et les justes, les brebis et les agneaux seraient placés à gauche, tandis que les méchants, les « boucs » seraient tous à droite et de là précipités dans la géhenne des pleurs et des grincements de dents.

À partir de cette minute mémorable, puisqu'il n'y aurait plus de princes belliqueux ni de nobles ambitieux pour opprimer les humbles et les déshérités, la justice devait régner sur la terre. Et dans un Éden perfectionné où fleuriraient les « immortels principes » et où seuls les fruits de la Révolution française et du *Manifeste communiste* ne seraient pas des fruits défendus, un nouvel âge d'or commencerait.

La Conférence devait donc être unilatérale.

Pendant tout le temps de ses assises, elle agissait comme le jury qui se retire pour délibérer et devant lequel les accusés, c'est-à-dire la partie adverse, ne devaient comparaître que pour entendre la lecture du verdict.

L'Allemagne, l'Autriche, la Hongrie, la Bulgarie et la Turquie étaient les « criminels ». Tardivement repentants d'avoir péché contre le Juif et la démocratie, ces États, pareils aux pénitents du moyen-âge, attendaient, sans voix au chapitre, dans les « ténèbres extérieures », le « Jeudi-Saint » où ils seraient introduits dans l'église démocratique.

De leur côté, les États considérés comme Alliés, tels que la Pologne, la Tchécoslovaquie et même ceux qui faisaient partie du bloc de l'Entente, tels que la Roumanie et la Serbie, se trouvaient dans une situation indéfinissable. Ils n'étaient pas membres du jury, ils ne faisaient pas, pour ainsi dire, partie de la Conférence, car ils étaient ceux auxquels ce tribunal devait faire justice. Et cette justice, ils l'attendaient passivement, et n'avaient le droit de plaider leur cause que lorsqu'on les y invitait. Ils étaient des sortes de « prosélytes de la porte », auxquels l'accès du lieu saint était interdit.

La Conférence de Paris différait de tout ce qui l'avait précédée en bien d'autres points encore. Ce n'étaient plus les grands, les rois, leurs ministres, leurs courtisans et favoris, en un mot, les clans privilégiés qui décidaient du sort des malheureux peuples, qu'ils s'échangeaient, se taillaient et se distribuaient entre eux « comme du bétail », selon ce qui était admis aux époques d'obscurantisme et de barbarie. Mais il parait que pour cette fois le progrès consistait en ce que les peuples eux-mêmes enfin libérés, décidaient de leur sort.

En conséquence, c'étaient ces peuples, - plus de cent millions d'Américains, près de cent cinquante millions d'Européens et plusieurs fois autant d'Asiatiques, sans compter les Africains et les Australiens, - qui étaient censés délibérer par la voix de Wilson, de Lloyd George et de Clemenceau dans les salons du Quai d'Orsay.

La Conférence de Paris prétendait être une libre délibération des peuples libérés et égaux entre eux.

En réalité, les « trois grands » que les Anglais et les Américains appelaient les « big three » constituaient à eux seuls la Cour suprême qui devait juger le monde, nations et individus.[3] Elle devait juger les nations selon la justice démocratique, c'est-à-dire selon un code nouveau qui n'avait de comptes à rendre à aucune de ces choses désuètes et périmées qu'étaient la loi naturelle, le Décalogue ou le droit romain.

---

[3] Nominalement, il y avait une personne de plus une quatrième, celle du Président du Conseil italien. Tout le monde savait qu'on ne faisait pas grand cas de son opinion. Pour cela sans doute, à un moment donné, il quitta la Conférence avec fracas, pour y revenir ensuite cependant.

Le code nouveau était considéré comme l'expression du « progrès humain » sur tout ce qui l'avait précédé dans l'histoire des civilisations. Cela signifie qu'il n'y avait pas de critérium au-dessus de lui, que son interprétation appartenait aux trois grands justiciers, revêtus eux-mêmes d'une infaillibilité qui aurait fait hurler au scandale les cinq parties du monde, si qui que ce soit s'était avisé seulement de proposer qu'on l'attribuât, par exemple, au Pape. Cependant, la leur était acceptée comme légitime, par le fait de la fiction en vertu de laquelle MM. Lloyd George, Wilson et Clemenceau n'étaient plus des hommes, mais des peuples.

La publicité juive ou enjuivée, dont la mission est de confectionner l'opinion publique et de lui faire avaler stoïquement les plus invraisemblables absurdités, donnait cette fiction à l'incohérence des masses qui l'acceptaient comme des espèces sonnantes et trébuchantes.

Les « trois grands » seuls étaient les juges et les interprètes d'une nouvelle loi morale dont les canons n'étaient même pas écrits et que dominait l'intérêt supérieur de la démocratie.

MM. Clemenceau, Lloyd George et Wilson étaient donc appelés à jouer un rôle, dont le moins qu'on puisse dire, c'est qu'il était sans exemple dans l'histoire.

Les Parlements des trois grandes démocraties intensément parlementarisées qu'ils représentaient, s'étaient soudain tus, comme si un mot d'ordre avait été donné et à eux seuls, sans consulter personne, ils pouvaient partager l'Europe et une partie de l'Asie comme un pâté.

Or tous trois étaient attentifs seulement à ne pas déplaire au Juif qui se disposait « à marcher sur le monde à grandes enjambées » ! Du moins tout se passait comme si tel avait été leur principal souci en ces heures historiques.

Toute l'œuvre de la Conférence de Paris se résume en ceci : pour commencer, elle créa le plus grand nombre possible de nationalités souveraines, le plus grand nombre possible d'intérêts déjà contradictoires par définition, mais dont les contradictions, à la rigueur, pouvaient encore être atténuées ; ensuite comme si elle avait voulu écarter cette chance de salut, la Conférence délimita ces nationalités de façon que leurs intérêts et même, dans beaucoup de cas, leurs nécessités vitales, fussent totalement inconciliables ; et enfin, elle institua une assemblée platonique, dépourvue de force et de toute possibilité de sanctions, qui ne correspondait à aucun intérêt corporatif défini et qu'elle chargeait de concilier en théorie le plus longtemps possible, sans autres arguments que la crainte du pire, ce qui dans la pratique est inconciliable.

Le chaos européen actuel n'est pas dû, comme on le prétend, au mauvais caractère ou à la méchanceté collective de tel ou tel autre groupement politique ou ethnique, il n'est même pas dû, comme on affecte de le croire, aux rancœurs et aux haines consécutives à la guerre elle-même, car ces rancœurs ne sont jamais que provisoires et ne demandent qu'à s'émousser. Cet état de choses n'est que la conséquence directe et logique de la position et des rapports qui ont été créés par la Conférence de Paris.

Considérons la Hongrie démembrée au profit de la Tchécoslovaquie et de la Roumanie, tout comme l'avait été jadis la Pologne au profit de la Russie, de la Prusse et de l'Autriche avant son dernier et troisième partage. Considérons cette même Hongrie, par rapport à la nouvelle petite Autriche dont la capitale seule compte un million et demi d'habitants. L'une et l'autre sont incapables de se suffire et ne peuvent vendre ni acheter à l'étranger sans que l'Allemagne, la Tchécoslovaquie, la Roumanie ou la Yougoslavie leur octroient la permission de passer.

D'autre part, cette même Tchécoslovaquie, pourtant choyée et avantagée de toutes les manières, traitée en Benjamin de la démocratie judéo-maçonnique, est cependant réduite à ne pouvoir respirer, à ne pouvoir communiquer avec l'atmosphère, qu'au moyen du tuyau argenté de l'Elbe, fleuve germanique.

De son côté, l'Allemagne est coupée en deux par la Pologne et serrée de toutes parts avec sa population croissante et son industrialisation géante.

La Pologne, réintégrée dans les frontières consécutives à son premier partage, ne communique avec la mer qu'à travers un couloir artificiel.

L'Italie avec sa population débordante, étouffe sur sa péninsule, sans autre perspective, pour son expansion physiquement indispensable, que la guerre forcée.

De quelque côté qu'on regarde, si on le fait avec l'esprit et le coup d'œil scientifique qui sait saisir les effets dans leurs causes, on arrive à la conviction que c'est partout la guerre forcée de tous contre tous, la guerre déjà en puissance avant de l'être en acte.

Les nations privilégiées dont le rapport mutuel n'a pas ce caractère immédiatement drastique, se trouvent dans celui, non moins difficile, de créanciers exigeants et de débiteurs obligés de se saigner aux quatre veines au moyen de contributions qui sont de véritables socialisations.

Telle est l'image de l'Europe d'après-guerre, divisée, répartie et disposée de façon que tous soient intolérables pour tous. Cependant, pour que l'image soit complète, il faut y ajouter le socialisme de l'Est moscovite et le capitalisme de l'Ouest américain, manœuvrés chacun à sa manière par le Juif et cherchant tous les deux à s'infiltrer partout et à se subordonner tout.

Or, dans l'Europe, telle qu'elle est sortie des mains ingénieuses de la Conférence de Paris, et cela dans une mesure infiniment plus forte que jamais auparavant dans l'histoire, le seul intérêt de chacune des nations anciennes et nouvelles, dont on puisse dire qu'il est commun à toutes et identique chez toutes, c'est (il faut avoir le courage de le dire) la guerre.

En dépit de cela, si nous avons encore la paix, - une paix inquiète, onéreuse et armée mais la paix tout de même -, c'est que cet intérêt identique et commun à chacune des nations se trouve momentanément contre-balancé par une peur identique et également commune à toutes. Mais cette peur va en faiblissant à mesure que nous nous éloignons de la guerre précédente et qu'arrivent à la surface les générations qui n'en ont pas fait l'expérience. Par contre, l'intérêt, et non pas seulement l'intérêt, mais la nécessité vitale de la guerre, sera permanente pour chacune des nations aussi longtemps que subsistera l'ordre de choses établi par la Conférence de Paris.

Tout ceci est mathématique, géométrique plutôt, et pour s'en rendre compte il suffit de regarder la carte et de réfléchir, sans perdre de vue le plus important, les frontières économiques dont on a fait, comme si l'un était inséparable de l'autre, le corollaire des frontières politiques.

Au fond, pas une des nations européennes n'est satisfaite de ces traités, mais l'idée que tout changement ne pourrait qu'aggraver leur situation les obsède. Cette idée s'est incrustée dans tous les cerveaux et les empêche de voir la réalité. Et à force de se répéter que la révision totale des traités conduirait à une nouvelle guerre ou à on ne sait quelle autre catastrophe, elles finissent par ne pas voir ce qui est évident et que ce sont précisément ces traités qui, tôt ou tard et de façon inévitable, conduiront à un nouveau cataclysme.

On peut dire de l'œuvre de la Conférence de Paris qu'elle est au même degré absurde et géniale, absurde au point de vue de l'intérêt de l'écrasante majorité des hommes, et, si nous la regardons sous l'angle spécial d'une certaine catégorie d'individus, elle est géniale jusque dans les moindres détails.

Pour l'écrasante majorité des hommes même instruits de France ou de Pologne, c'est l'Allemagne qui intrigue ; lorsque les commentaires sont allemands, les intrigantes sont la France ou l'Angleterre et l'Italie aussi quelquefois, surtout depuis qu'elle a pris nettement une attitude antirévolutionnaire. Il n'est question de Moscou que lorsqu'il s'agit de communisme proprement dit, mais on ne met jamais en cause l'arrière-boutique commune à Moscou et à tous ceux qui dans le monde n'ont pas d'ennemis à gauche.

Ainsi les intrigues enfin constatées sont partout mises invariablement sur le compte du partenaire et voisin, rarement de l'État soviétique, et jamais du Juif international. Elles ne font que creuser davantage encore les irréductibilités déjà profondes et elles améliorent le champ des intrigues futures dont bénéficiera le même Juif, toujours supposé inexistant et ce même État soviétique toujours supposé en dehors de tout.

Au temps de la Révolution française on disait que la franc-maçonnerie était une institution britannique au service de l'Angleterre, ce qui ne se rapprochait de la vérité qu'autant que l'Angleterre favorisait la révolution. Aujourd'hui on écrit en France que la franc-maçonnerie est une institution allemande au service de l'Allemagne, ce qui, de nouveau, ne se rapproche de la vérité que dans la mesure où l'Allemagne de Weimar collaborait avec l'État israélite de l'Est. Et si nous écoutons ce qu'on dit en Allemagne, nous apprenons que la franc-maçonnerie est une institution essentiellement française.

On entend des réflexions à peu près semblables au sujet du capitalisme : les Français affirment qu'il est au service de l'Allemagne ; les Allemands assurent qu'il sert l'Angleterre et presque tout le monde est d'accord pour proclamer qu'il sert les États-Unis.

C'est encore les mêmes phrases toutes faites qui se colportent en ce qui concerne le socialisme, et on ajoute que Marx et Lassalle, qui étaient Juifs, étaient aussi nés en Allemagne.

Cependant, personne en dehors de ceux qu'on gratifie du nom d'hallucinés de la conspiration occulte, ne s'avise d'écrire que tous ces pays, les uns comme les autres, sont partiellement victimes de la franc-maçonnerie, du socialisme et du capitalisme qui les manœuvrent tous plus ou moins.

Il est évident que dans ces conditions ce n'est pas le Conseil de la Société des Nations qui risque de devenir un centre de ralliement des intérêts européens. Tout au plus peut-il être une sorte de nœud de toutes les intrigues et contre-intrigues, manœuvres et contre-manœuvres, entre les grandes, moyennes et petites puissances. Celles-ci ne se rendent pas compte de ce qui aurait pu les unifier et sont conscientes seulement de ce qui les divise. Et les puissances européennes se trouvent entre elles dans cet état de division non par leur faute, mais parce que les traités issus de la Conférence de Paris, et auxquels il est interdit de toucher, les ont placées mutuellement dans un rapport irrémédiable et inévitable de division, d'animosité et d'antagonisme mutuel.

On affirme que la Société des Nations est l'incarnation de la paix. Mais c'est seulement parce que les traités dont elle est la dépositaire et auxquels elle n'a pas le droit de changer une syllabe, - elle ne peut que les commenter comme l'Église commente souverainement les Saintes Écritures - on nous les présente comme contenant l'essence de la paix, alors qu'en réalité ils ne sont que de véritables comprimés de guerre future.

Le rôle de la Société des Nations est d'être le corps mystique dans lequel se perpétue l'esprit qui a dicté les actes de Versailles, de Saint-Germain, de Trianon et de Sèvres actes « définitifs » qui constituent, selon une expression souvent employée, la nouvelle grande charte de l'humanité.

La Conférence de Paris eut recours au langage des logiciens catholiques mais elle en intervertit les termes. L'effet se trouve partout qualifié de cause et inversement. L'accidentel est toujours considéré comme le permanent et le permanent est toujours négligé comme accidentel. L'essentiel y est pris comme accessoire et l'accessoire comme essentiel.

Pour démontrer que l'attention a été retenue par ce qu'il y avait de plus accidentel et de plus accessoire dans le problème, nous n'aurons recours qu'à un exemple.

L'Autriche-Hongrie a été traitée comme le mal permanent et essentiel, et l'empire des Habsbourg, considéré comme la racine de tous les maux, a été rayé de la carte de l'Europe et retranché de l'histoire.

L'Allemagne, qui, en tant que mal à éliminer, était déjà moins accidentelle et accessoire tout en l'étant quelque peu, a été estimée comme moins importante que l'Autriche-Hongrie, mais beaucoup plus que la Russie, laquelle a été tenue comme tellement accidentelle et accessoire, et en tous points négligeable, qu'elle a bénéficié d'un non-lieu.

La vérité se trouve cependant dans le sens diamétralement opposé. Le péril réel, le péril mortel est le péril de Moscou, péril semblable à celui de la peste noire au moyen-âge et avec lequel pactiser est folie. Comme l'effet est toujours inséparable de la cause, on ne pourra supprimer le péril de Moscou, la contagion, qu'en supprimant les résultats de la révolution judéo-russe.

Le péril allemand était réel et continue à l'être plus encore qu'auparavant. Nonobstant, il n'est pas essentiel, il n'est pas dû, si on le compare au péril du bolchevisme juif, à l'essence de la nation germanique. Le péril allemand est uniquement dû à des circonstances accidentelles, la congestion économique en était la plus importante, et cette congestion on aurait pu la faire disparaître pour faire disparaître tout péril.

La menace autrichienne ou habsbourgeoise n'existait vraiment pas. Pour, contenter tout le monde, sauf naturellement quelques rebelles ambitieux, il aurait suffi de reconstituer l'ancien empire sur des bases fédérales, comme l'avait projeté l'archiduc François-Ferdinand, après en avoir détaché la Galicie en faveur de la Pologne et les provinces italiennes en faveur de l'Italie.

Cet exemple nous prouve une chose d'une importance capitale.

L'œuvre de la Conférence de Paris n'a pas été l'œuvre de gens instinctifs et irréfléchis qui aplanissaient les difficultés et se tiraient d'embarras n'importe comment. Ce n'étaient pas des gens, comme se plaisent à le dire leurs détracteurs superficiels, qui ignoraient la géographie et l'histoire.

Fort au contraire, l'œuvre de la Conférence de Paris a été consciencieusement pesée jusque dans ses moindres détails. Elle nous apparaît toute imprégnée d'universalisme historique, mais toutes les valeurs y ont été consciencieusement renversées à l'avantage du courant qui, dans l'histoire, constitue l'antithèse de la thèse catholique.

L'empire des Habsbourg a été radicalement supprimé parce qu'il était le plus conforme à la thèse catholique et partant le plus opposé à l'antithèse juive.

En plein XXᵉ siècle l'empire des Habsbourg constituait un échantillon de la Pentecôte historiquement catholique qui s'opposait à la Tour de Babel des langues et des races. Il représentait l'unité dans la diversité du moyen-âge, la forme réduite de ce qu'avait voulu être le Saint-Empire du temps des Croisades, survivant au milieu d'une époque empoisonnée par la Réforme et par la Révolution qui ont engendré les nationalismes, le capitalisme et le démocratisme socialisant.

En un mot, l'empire des Habsbourg était ce qu'il y avait de plus haïssable et de moins compatible avec les produits du judaïsme et de la F∴-M∴ qui constituent les éléments de l'histoire contemporaine.

L'empire allemand, issu de la Réforme et parachevé par la libre-pensée de Frédéric le Grand, empire laïque et civique, et en conséquence étatique par excellence, était déjà beaucoup moins haïssable. À partir du jour où il jeta par-dessus bord ses princes et ses réminiscences féodales, qui perçaient encore en dépit du capitalisme et de l'étatisme, et où il ne reconnut d'autres ancêtres que Luther, Kant, Hegel et le juif Marx, il ne le fut plus du tout. Et lorsqu'on trouva le moyen ingénieux, pour ne pas dire génial, de le mettre dans une position telle qu'il n'eut d'autre ressource que de se faire l'allié le conseiller technique et l'organisateur du nouvel État juif, l'empire allemand devint même désirable.

La Russie tsariste était aussi haïssable que l'Autriche impériale. Avec la même ingéniosité on détruisit donc l'Autriche au moyen de la Russie et ensuite la Russie au moyen de l'Allemagne qui, elle, était prédestinée, dans la dispensation nouvelle, à devenir désirable et utile.

Livrée pieds et poings liés au judaïsme camouflé en communisme, la Russie détestée devint la chose sacrée à laquelle il est interdit de toucher. Et lorsque c'est elle qui touche, il est défendu de lui répondre, car elle rend inviolable tout ce où elle porte ses mains.

Pour bien juger l'œuvre de la Conférence de Paris, il faut la contempler de la colline du Vatican, des tours du Kremlin ou des gratte-ciel de Broadway, les seuls au monde qui soient véritablement immobiles. L'œuvre de la Conférence de Paris nous apparaît alors comme une construction parfaite à laquelle ne font défaut ni le sens de l'universel ni celui de l'histoire. Elle est l'œuvre d'architectes qui savaient parfaitement ce qu'ils construisaient et qui travaillaient sous l'inspiration du Grand Architecte de l'Univers, le plus haut personnage des loges maçonniques.

La Société des Nations couronne cet immense édifice.

Le génie qui a présidé au chambardement du monde est le même que le Christ qualifia de « Menteur, depuis le commencement ».

En parachevant la guerre par la création de la Nouvelle Babel qu'est la Société des Nations et les organismes qui sont nés d'elle, l'œuvre de la Conférence de Paris sert de prologue à la conspiration mondiale du XX$_e$ siècle. Elle fait suite à l'épilogue sanglant de la conspiration du XIX$_e$. Et elle commence précisément où l'autre finit.

Il nous faut donc maintenant tourner nos regards vers le bolchevisme.

Les prodromes du bolchevisme - l'avènement du capitalisme en Russie.

La révolution russe de 1917 marque l'avant-dernière étape dans la réalisation des idées de la gauche internationale et comme telle elle revêt dans l'histoire de la subversion une importance extrême.

Il est donc bon d'en remonter aux origines et de savoir comment et pourquoi elle a pu s'installer en Russie. Pour cela nous allons retracer brièvement la période de l'histoire russe qui a précédé l'explosion de 1917.

Le public français sera singulièrement éclairé par la connaissance de faits passés sous silence jadis par la grande presse, mais qui prennent une valeur significative, aujourd'hui que nous nous penchons sur l'abîme qui s'ouvre devant nos pieds.

* * *

Deux moments critiques ont décidé du sort de la dynastie et de l'empire russe.

Le premier s'est produit lorsqu'Alexandre II décida d'affranchir les serfs dans des conditions dont seule l'émigration vers l'Est aurait pu assurer le succès.

Le second fait eut lieu lorsque Alexandre III, en procédant à l'industrialisation de son empire, créa automatiquement deux classes sociales nouvelles, le prolétariat et le milieu capitaliste, qui se trouvèrent d'emblée sur le terrain d'une économie collective.

La propriété des paysans avait été séparée de celle de leurs anciens seigneurs par l'acte d'Alexandre II. Cet acte adjugea aux communes rurales une quantité d'hectares suffisante pour la génération en cours mais ne produisit ses premiers effets que trente années après, avec l'avènement de la génération suivante, à l'époque où Alexandre III, à la suite de la nouvelle alliance conclue, était mis en demeure d'industrialiser son pays avec l'aide des capitaux français pour faire face à la guerre qui se préparait.

Dans l'histoire de l'empire des Romanof, c'était un fait nouveau plein de menaces pour le système ancien. Les choses se passèrent sans que personne se rendit compte qu'il se produisait un changement substantiel et fondamental.

À la suite de l'accord franco-russe une véritable invasion de capitaux liquides eut lieu dans l'empire tsariste. Cette invasion était naturelle et logique car l'économie, dans son domaine, est soumise aux mêmes lois inéluctables que la physique dans le sien.

Au sens physique la Russie était un vide de capitaux. Or, ceux-ci se comportent comme de véritables corps qui ont horreur du vide. On aurait pu comparer la Russie d'alors à une grande salle hermétiquement close où l'air se serait raréfié et sur les parois de laquelle auraient pesé les atmosphères condensées environnantes.

Cette atmosphère pécuniaire n'était nulle part aussi condensée qu'en France, pays de l'épargne par excellence où riches et pauvres économisaient beaucoup plus qu'ils ne dépensaient et où le plus grand souci consistait à trouver de nouveaux placements pour cette accumulation monétaire qui grossissait sans cesse.

Les placements qu'en France on appelait de pères de famille rapportaient en Russie six et même sept pour cent, et le plus sûr de tous, apparemment, garanti par toutes les ressources supposées de l'empire, la rente de l'État, rapportait quatre pour cent.

La perspective de ces taux d'intérêt, fabuleux lorsqu'on les comparait à ceux auxquels ils étaient habitués, donnait le vertige aux Français modestes qui voyaient leurs revenus doublés sans le moindre risque. La solidité du colosse contre lequel le génie de Napoléon s'était brisé les remplissait d'une confiance aveugle, car ils ne savaient pas encore que les pieds de ce colosse étaient d'argile.

Cependant, les petits épargnants, célèbres par leur ignorance de la géographie, se défiaient instinctivement de tout ce qui se trouvait au-delà des frontières de leur pays.

Il fut donc nécessaire que leur propre gouvernement leur affirmât que leurs craintes étaient vaines et qu'en souscrivant ils faisaient coup double. En effet, en plus de doubler leurs revenus, les épargnants français rendaient un service signalé à leur patrie, car grâce à l'appui formidable que dans ces conditions le colosse pourrait donner à la France en cas de guerre avec l'Allemagne, ils assuraient le salut de leur patrie et en conséquence le leur.

Disposant du fameux « rouleau compresseur » les choses ne se passeraient plus comme en 1870. Dès lors les hésitations n'étaient plus possibles et toutes les bourses, tous les bas de laine entre les Pyrénées et les Vosges, entre l'Atlantique et la Méditerranée se vidèrent au milieu d'un enthousiasme indescriptible.

Un vent capitaliste d'une rare violence se mit à souffler d'Ouest en Est.

Généralement ce vent est précurseur de la pluie, mais dans la circonstance ce fut une pluie d'or que la France fit tomber sur le sol russe aussi desséché sous ce rapport que celui des régions où il ne pleut jamais.

Naturellement, les Russes se montraient ravis de recevoir cette averse. Cet enchantement était partagé par les propriétaires et les bourgeois. Les premiers, tout particulièrement, triomphaient dans leurs domaines, la vie ne coûtait pas davantage qu'auparavant. Du temps était nécessaire pour que les rapports à la campagne se modifient en fonction du fait nouveau. D'autre part, ce qu'ils vendaient ils le vendaient beaucoup plus cher, de sorte que, sans posséder rien de plus, ils se sentaient miraculeusement enrichis comme dans les contes de fées.

Nous avons connu un propriétaire russe qui avait obtenu cinq cent mille roubles pour les coupes de ses bois. Lorsqu'il en avait hérité, la propriété entière dont la forêt faisait seulement partie avait été évaluée cinquante mille roubles et son revenu annuel représentait un et demi pour cent de cette somme. Avec le demi-million de roubles obtenu, ce propriétaire avait acheté du papier qui lui rapportait de cinq à six pour cent. La maison, les champs, les pâturages et les potagers, base de ce qu'il lui fallait pour son entretien à la campagne lui restait. Et de plus, dans une cinquantaine d'années, ses héritiers trouveraient une forêt nouvellement boisée.

Jusqu'alors les hommes qui s'enrichissaient de cette façon en Russie, en opérant des tours de prestidigitation avec les signes sur le papier étaient rares. Dédaigneusement on les qualifiait d'oiseaux du ciel, ces oiseaux que selon l'Évangile le bon Dieu nourrit sans qu'ils aient à semer, à récolter ni à amasser dans des greniers. Et ceci prouve à quel point les propriétaires russes avaient en horreur les méthodes capitalistes.

Cette nouvelle façon d'agir et de vivre avait l'air magnifique. C'était la lune de miel de la Russie convolant en justes noces avec le Capital qui cachait dans son arrière-plan le Juif à l'affût de sa proie. Pour fêter dignement les épousailles il y eut des festins fastueux où le champagne et la vodka coulèrent à flots et de très bonne foi on croyait avoir trouvé le secret de changer l'eau en vin comme le Christ l'avait fait au jour de Cana. Et personne ne se rendait compte, pas même le tsar et ses conseillers - sauf quelques-uns peut-être dont nous nous occuperons plus tard - qu'il y avait quelque chose de fondamental et de substantiel qui était changé : on ne voyait pas qu'une véritable révolution s'accomplissait, une révolution sans laquelle celle de 1917 n'aurait pas été possible.

Le bon vieux temps où chacun était maître chez soi et où Dieu seul était pour tous, n'existait plus.

L'État devenait le distributeur du sang de la circulation artérielle, de l'argent devenu subitement indispensable. La Russie cessait alors d'être un échiquier d'autonomies distinctes et de libertés individuelles séparées. Et l'État, assimilé à un seul et même corps économique et social, responsable du chiffre qu'on lui avait prêté, devait assumer le contrôle effectif du pays, non en vue de la production plus abondante des utilités directement et véritablement nécessaires à la vie, mais en vue de la production des éléments constitutifs du capital et du crédit sans lequel on semblait perdre la capacité de les produire.

Le régime tsariste n'avait pas voulu expressément cet état de choses. Il choquait ses traditions et ses antécédents patriarcaux. Mais cet état de choses était inévitable, par la nature d'une industrie hâtivement créée. À la base des faits se trouvaient les considérations politiques en prévision de la guerre future. L'unique point de départ de l'industrie était le crédit de provenance étrangère exclusivement accordé dans ce but. Dans ces conditions, cette industrie n'avait pas le support naturel de la terre qui nourrit son personnel et lui fournit sans transition ni transaction l'élément de son activité. Et la conséquence de tout cela était que ceux qui travaillaient, pas plus que ceux qui faisaient travailler, n'avaient à leur disposition les moyens directs de vivre ou de faire vivre.

Pour une industrie fille du crédit dans laquelle ouvriers dirigeants et commanditaires directs ou indirects ne vivaient pas de la terre, il ne pouvait pas en être autrement. Pourtant, à la campagne, où employeurs et employés continuaient à vivre de la terre comme par le passé, ils auraient pu continuer à collaborer, comme avaient collaboré leurs pères, sans l'intermédiaire inévitable de l'argent. Mais le facteur psychologique entra en jeu et personne ne voulut s'accommoder des rapports anciens.

Les rapports entre les hommes furent désormais des rapports entre créanciers et débiteurs. Le cuivre, l'argent, l'or ou le papier, s'interposaient entre les hommes dès qu'ils étaient deux. Et dans les livres de la comptabilité appelée double, le chiffre s'interposait même entre la fonction du « moi » dédoublée en moi-créancier et moi-débiteur. Ce fut l'irréparable.

La réforme économique de Stolypine

Cependant, peu avant la guerre apparut l'homme providentiel qui pouvait encore tout sauver.

Nicolas II, auquel rien ne réussissait, avait enfin mis la main sur l'homme de la situation : Stolypine. Et cet homme, si on l'avait laissé vivre longtemps, aurait sauvé la Russie, et avec elle peut-être le monde, de la peste subtile de l'âme.

L'histoire de ces événements est aujourd'hui encore troublée par les passions et dénaturée par une propagande effrontée. Mais un jour viendra où l'on rendra justice à Stolypine en le remettant à la place qui lui est due, celle des grands bâtisseurs d'empire.

Nous nous arrêterons quelques instants devant cette grande figure du « crépuscule des dieux » que la balle de revolver d'un Juif empêcha de réaliser une œuvre plus féconde que ne le fut celle de Pierre le Grand et de la Grande Catherine. Ces deux souverains avaient bâti un grand empire qui en définitive ne fut qu'un colosse aux pieds d'argile. Quinze ou vingt années de paix extérieure auraient suffi à cet homme providentiel, dont l'activité politique, économique et sociale se déroula de juillet 1906 à septembre 1911, à en juger par ce qu'il avait pu faire pendant un laps de temps aussi court, pour édifier à la place du chaos et de l'incohérence qu'il avait trouvés, une grande nation et un grand peuple.

Stolypine descendait d'une famille de vieille noblesse apparentée à la grande aristocratie terrienne et depuis son enfance il était imbu de tradition féodale. Par ses inclinations ataviques, il se repliait donc vers le passé qui lui était cher. Son esprit cultivé était ouvert aux perspectives de l'avenir, et en conséquence il était l'opposé de ces réactionnaires au sens étymologique du mot, cerveaux étroits qui réagissent par l'instinct contre tout ce qui est nouveau et se cramponnent par principe à des formes périmées sans savoir distinguer ni séparer le froment de l'ivraie.

Ce féodal, fils d'un grand-chambellan de la cour, eut toute sa vie à lutter simultanément contre les siens, qui voyaient en lui un dangereux novateur et un homme de progrès, - ce qui dans la bonne acception du mot était exact -, et naturellement contre les hommes du prétendu progrès démocratique qui sentaient en lui, avec raison, le pire ennemi qu'ils aient jamais eu et la première menace vraiment sérieuse pour leur perfide ouvrage.

La famille Stolypine, bien que purement russe, avait des domaines dans la province de Kovno. Ce fut là que le futur homme d'État commença son initiative politique.

Il réussit à assainir une atmosphère où la contrainte, la rancune et la méfiance réciproques, fruit de la révolution de 1905, ne laissaient pas de place à un esprit corporatif de collaboration sociale.

Au bout de quelques années d'efforts, il parvint à décontracter si bien les rapports entre les classes et les races qu'il attira sur lui l'attention de Nicolas II, que la question agraire préoccupait beaucoup. Et Stolypine fut nommé gouverneur de la province de Grodno, limitrophe de celle de Kovno et habitée aussi par une population ethniquement mélangée qui se composait de Polonais, de Blanc-Ruthènes, de Juifs et de Russes.

En sa nouvelle qualité, Stolypine fut aussi peu fonctionnaire qu'il est possible de l'être. Mais par contre il déploya brillamment ses qualités d'homme d'action sociale, s'appliquant de façon particulière à l'étude approfondie du problème agraire qu'il considérait comme le nœud gordien de l'empire tsariste.

Mais la gravité des événements politiques était extrême. La révolution de 1905 avait éclaté, les jacqueries paysannes sévissaient avec une férocité particulière dans les régions de la Volga et Stolypine fut arraché à son activité pacifique de Grodno pour être mis à la tête de la province de Saratof située en plein centre de l'ébullition.

C'était un poste d'honneur et de combat, c'était l'épreuve du feu au propre et au figuré.

Stolypine y fit montre de qualités qui le classèrent hors pair parmi les serviteurs du régime menacé.

Ce n'était pas aux livres ni aux brochures confectionnés par les énergumènes embusqués qui prétendaient exprimer les doléances du peuple qu'il demandait d'éclairer sa conscience à ce sujet. Il se renseignait auprès de ce peuple lui-même en chair et en os, auprès de ce peuple avec lequel il avait des rapports personnels constants depuis son enfance et qui n'était pas pour lui un mythe avec majuscule, mais une réalité d'individus vivants. Et toujours et partout invariablement il recueillait de la bouche de ce peuple, la seule vraiment autorisée pour parler en son propre nom, une réponse identique.

Laissons parler la fille du futur réformateur qui cite une de ces réponses entendue par elle au hasard. « C'est vrai, disaient-ils, c'est vrai que tout piller et saccager n'aboutit à rien ». Et à la question de mon père qui leur demanda pourquoi alors ils volaient et saccageaient, l'un d'eux, approuvé par tous ses compagnons, répondit :

« Ce que je voudrais, c'est le papier bleu avec les armes impériales qui me donnerait en toute propriété, à moi et à ma famille, un petit morceau de terrain. Je pourrais le payer peu à peu, car grâce à Dieu on sait travailler dans notre famille ; mais à quoi bon travailler maintenant ? On aime un terrain, on s'applique à le cultiver le mieux qu'on peut, mieux que les autres, et puis, ce terrain qu'on aime, où l'on a mis toute son âme, on vous l'enlève pour le donner à un autre et l'année suivante la commune vous envoie travailler ailleurs. Ce que je dis à Votre Excellence est vrai et beaucoup de mes camarades pensent comme moi : à quoi bon se donner de la peine ? C'est même bien ennuyeux de vivre. Excellence ! »

Et Alexandra Stolypine d'ajouter :

« Mon père écoutait tous ces discours avec une pitié infinie. Pauvre Russie construite de bois et de chaume, disait-il souvent. Dans sa pensée il voyait les fermes florissantes de l'Allemagne voisine où des gens calmes et tenaces amassaient, sur des étendues de terrain minuscules comparées à nos plaines, des récoltes et des économies sans cesse augmentées qui passaient de père en fils. Tournant alors ses regards vers l'Oural, il parcourait en pensée la longue route des déportés à travers cet empire asiatique russe où, dans un sol vierge, tous les trésors que la nature fertile peut créer dormaient d'un sommeil séculaire... »

Nous avons cité ce long passage parce que toute la genèse du cataclysme russe, sur laquelle tant de livres ont été décrits dans toutes les langues, s'y trouve résumée.

On peut dire que tous en Russie avaient entendu cette voix, mais un seul homme voulut l'écouter et c'est pour cela qu'il fut un grand homme. Et pour la même raison ce chrétien, ce serviteur éprouvé du trône, cet autocrate de naissance et ce féodal de conviction et de tempérament fut le seul vrai démocrate, à l'exclusion de tous les Witté, Bakounine,

Milioukof, Tchernof, Kerensky, Lénine, Trotsky et de tous les autres sympathisants anonymes, russes, occidentaux ou américains.

Désormais, la voie que Stolypine devait suivre jusqu'à sa mort était toute tracée. Sachant que les péchés contre l'esprit du mal ne se pardonnent pas en ce monde, il faisait d'avance le sacrifice de sa vie à sa vocation qui était de travailler sans répit à la félicité du peuple russe.

Ce que ce grand terrien ne perdait jamais de vue c'était que la Russie, et en général ce qu'on appelle la patrie (vocable qui textuellement signifie le pays des pères) ne formait pas un département de l'ubiquité internationale et un consortium d'affaires fluides, mais un patrimoine et une terre, une très grande terre qui devait être mise en culture et en valeur pour le plus grand bien de ceux qui l'habitaient.

Mais comme en attendant il fallait que, conformément à ce qui est écrit dans l'Évangile, il donnât la mesure de sa capacité et de sa fidélité sur une petite arène, il la donna.

Le temps travaillait pour lui et son jour, qui devait être bref, approchait. En même temps que la dissolution de la Douma était prononcée, Goremykine, homme d'un autre âge et qui n'était pas de taille à faire face aux événements, donnait sa démission. Son successeur devait être forcément le seul homme qui s'était détaché de la ligne : Stolypine.

Le nouveau chef du gouvernement jouissait de la confiance justifiée de son souverain. Tous les deux au fond, avaient les mêmes idées, mais l'empereur timoré et hésitant, ne savait comment s'y prendre pour les réaliser. Pratiquement, Stolypine était investi d'une autorité quasi-dictatoriale.

La destinée lui donnait la possibilité de réaliser le rêve de sa vie. Peu d'hommes, ici-bas, ont eu ce bonheur !

Stolypine pressentait que cette chance suprême il la paierait de sa vie. Ce pressentiment, cette certitude motivée plutôt, il l'avait constamment présente à la pensée, il en parlait à ses familiers, car mieux que personne il connaissait l'Ennemi à qui il jetait le gant et il était certain que cet Ennemi ne le laisserait pas vivre pour qu'il ruine son satanique ouvrage.

C'est pour cela qu'il ne voulut pas perdre une minute et laissant pour plus tard la confection d'une nouvelle loi électorale il se contenta d'aller droit au but.

Le plus urgent était de trancher le nœud gordien qui attachait la Russie aux causes qui l'entraînaient vers le gouffre et non de discuter sur la manière de le dénouer. Et ces causes étaient simples comme le sont d'ailleurs toutes les causes initiales et primordiales.

La cause directe du désordre était la fermentation, l'exaspération du peuple. Aucune révolution dans l'histoire n'a eu d'autre motif initial et dans les révolutions classifiées comme religieuses elles-mêmes, le mobile confessionnel n'est généralement que la mèche qui allume l'incendie non le combustible sans lequel il ne saurait y avoir d'incendie généralisé.

La cause première de cette exaspération était la détresse, la situation sans issue du peuple qui devait vivre de ce qu'il semait et récoltait et qui n'avait plus où semer et récolter par le fait de l'oukase affranchissant les serfs et dont les conséquences s'aggravaient à chaque génération.

La cause directe de l'exaspération et de la fermentation populaire était donc claire et parfaitement naturelle. Et s'il y avait quelque chose de certain, d'évident, c'est qu'il n'y en avait pas d'autre.

On pouvait raconter à des professeurs, à des avocats ou à des journalistes de Paris ou de Londres, ou même à quelques-uns de leurs confrères de Pétersbourg et de Moscou, que ce qui tourmentait le peuple russe s'était le désir des institutions démocratiques. Mais ce n'était pas à des seigneurs de la campagne tels que Stolypine ni même à de bien moins sagaces que lui qu'on pouvait conter des histoires de ce genre.

Le problème ainsi posé, il restait à savoir si cette cause initiale, si la position sans issue des masses pouvait être radicalement éliminée sans qu'il fût nécessaire pour y parvenir d'octroyer des constitutions, de convoquer des parlements et d'abandonner l'atout de la presse aux capitalistes juifs. S'il était possible de le faire sans ces restrictions, la cause directe, l'exaspération des masses, devait se trouver automatiquement supprimée. Il était évident que cette cause pouvait être aisément éliminée, au moins pour un siècle. La Russie pouvait être exceptionnellement heureuse et privilégiée. Métropole et colonie à la fois, (la colonie n'aurait fait que prolonger la métropole) elle aurait eu non seulement de quoi nourrir plusieurs fois sa population, mais de quoi pourvoir à ce que tous ses habitants puissent devenir de petits propriétaires cossus, sans se heurter à d'autres difficultés que celle de se déplacer de plus en plus vers l'Est suivant un rythme organisé.

Pour arriver à ce résultat magnifique non seulement il n'était point nécessaire de dévaliser qui que ce soit, mais encore, à côté des petites propriétés, il y aurait eu largement place pour la création de nouveaux domaines grands et moyens. Fallait-il pour cela, comme il avait été dit jadis, ailleurs et dans d'autres circonstances : « de l'argent encore de l'argent et toujours de l'argent ? »

Pas tant que cela, car la Russie était encore une néophyte du système capitaliste et on n'y avait pas perdu l'habitude de se passer d'argent sans que pour cela on y fût plus malheureux. Du reste, en supposant même que ce fût là où résidât l'obstacle, avec ce que Witté avait trouvé le moyen d'emprunter il y avait largement de quoi coloniser et aménager une partie suffisante de l'empire asiatique russe pour conjurer de longtemps le péril de la congestion agraire. Et jamais capital n'aurait été plus utilement et plus avantageusement investi, ni plus susceptible d'être rapidement amorti avec un bénéfice incalculable pour l'avenir.

Sans le boulet d'une constitution démocratique, sans la collaboration hostile et perfide de parlements en délire et sans abandonner aux Juifs et aux maniaques des commotions sociales la liberté de démoraliser son peuple par l'intermédiaire d'une presse dénommée libre, le tsarisme avait tout ce qui était matériellement nécessaire pour éliminer totalement les seules causes déterminantes du cataclysme qui approchait.

Il pouvait donc supprimer définitivement la raison d'être de toute révolution future. Et dans ce cas, nous n'hésitons pas à affirmer qu'il n'y aurait pas eu de guerre ni de révolution bolcheviste.

La gloire de Stolypine n'est pas d'avoir compris cela. Bien d'autres, surtout parmi les terriens, se trouvaient dans le même cas, mais lui fut le seul qui depuis un demi-siècle sut tirer les conséquences logiques de cette compréhension pour aussitôt passer aux actes.

Quatre mois à peine s'étaient passés depuis son arrivée au pouvoir que déjà la nouvelle loi agraire, instaurant la propriété privée paysanne, était promulguée par ordonnance impériale. Cet événement mémorable porte la date du 9 novembre 1906.

La faute d'Alexandre II se trouvait dès lors partiellement rectifiée. Les agriculteurs devaient avoir désormais le droit, et mieux encore, les facilités de s'affranchir du servage de la commune qui était venu remplacer celui des seigneurs.

Un organisme spécial, déjà existant, mais qui, détourné de son objet, était devenu presque exclusivement un instrument de russification des contrées allogènes, la banque agraire paysanne, achetait à bas prix les terrains que les propriétaires voulaient bien leur vendre, les ajoutait à ceux qui appartenaient à l'État et que celui-ci mettait à sa disposition et constituait une réserve où chaque paysan pouvait acheter un lot à crédit, après avoir déclaré qu'il sortait volontairement de la commune. Ce paysan ne devait verser à la banque que les sommes dont il pouvait disposer, et le trésor impérial prenait à sa charge la différence.

Presque immédiatement un demi-million de chefs de familles entrèrent en possession de presque quatre millions d'hectares.

De fait, la vraie abolition du servage était consommée. Mais, comme au lieu de marquer un « progrès « vers l'économie collective et socialiste, elle marquait une « régression « vers l'individualisme et l'économie privée, elle ne produisit pas l'effet littéraire et théâtral que la réforme d'Alexandre II avait produit. Acceptée avec enthousiasme par le peuple, elle fut fort peu goûtée par les prétendus amis, avocats et porte-paroles de ce peuple, assimilé à un mythe et fut reçue avec une froideur déconcertante par les milieux libéraux et leurs organes de publicité. Quant à la presse étrangère, elle observa, ou peu s'en fallut, un silence absolu.

Pour cette presse, Stolypine était un rétrograde et un obscurantiste, un tyran, bien qu'elle ne put jamais dire en quoi et pourquoi. Assurément, s'il avait donné toutes les terres à une Compagnie anonyme juive pour être gérées au nom du peuple, selon la devise du communisme ou du socialisme, Stolypine aurait été tout autrement qualifié.

Mais, sûr de ce qu'il avait entrepris, Stolypine suivait son chemin sans faire attention aux chiens qui aboient. Et en peu d'années - c'est un témoin oculaire qui parle - la Russie d'Europe, comme si une fée bienfaisante l'avait protégée, se couvrit d'une multitude de petites fermes prospères et riantes dont le nombre augmentait tous les jours.

Cependant, tout cela n'était qu'un commencement. Stolypine, qui transformait la sixième partie du monde, voyait son œuvre infiniment plus grande. Acheter à l'amiable aux uns pour revendre à d'autres dans des conditions plus avantageuses et faire payer le déficit inévitable au trésor qui était alimenté par l'ensemble des contribuables, c'était évidemment faire œuvre de solidarité sociale. Mais au fond cela était à peu près la même chose que d'entretenir artificiellement les chômeurs aux frais de l'État et au moyen des impôts. Cependant, ce que faisait Stolypine ne constituait pas au même degré une perte sèche car il y avait l'espoir, la quasi-certitude même de récupérer plus tard.

Certes, la pratique d'une semblable méthode n'augmentait pas la fortune du pays et de la nation. Dans sa totalité, cette fortune restait la même et au point de vue de son rendement elle se trouvait diminuée. En effet, les domaines seigneuriaux, plus intelligemment cultivés et administrés produisaient davantage et leur morcellement, même partiel, et dans ces conditions parfaitement honnêtes, était loin d'intensifier les possibilités d'exportation et ses conséquences étaient diamétralement contraires. Les véritables bonnes affaires, s'il nous est permis de nous servir ici de ce terme que le capitalisme a dénaturé, sont constituées par les conquêtes de l'homme sur la matière ou sur l'énergie des éléments, non par la conquête de l'homme sur son voisin.

Dans un pays où les méthodes de culture des paysans était arriérées, le fait de faire passer des terres déjà exploitées et productives d'une main dans une autre, ou plutôt dans beaucoup d'autres, était négatif au point de vue de l'économie générale. Mais de la part de Stolypine ce n'était qu'un expédient destiné à enrayer les progrès de la subversion dans leurs effets immédiats, pour gagner du temps et une tranquillité au moins relative et indispensable à l'œuvre de grande haleine qu'il préparait.

Son idée maîtresse, qui était autrement féconde, poursuivait la mise en valeur des terrains pour ainsi dire vierges de la partie orientale et asiatique de l'empire. Mais, pour obtenir ce résultat, il fallait commencer par les préparer et avant tout par améliorer les moyens de communication. Autrement on aurait agi comme les imitateurs trop pressés de l'Occident qui n'aboutirent qu'à en faire ce fruit déjà pourri avant d'être mûr dont parle la légende.

Les problèmes à résoudre devaient donc suivre un ordre de progression rationnelle.

Stolypine plaçait au premier plan l'agriculture qui fournit les bases élémentaires et alimentaires de l'existence et qui élimine le péril de la faim, prélude de toutes les révolutions. Venaient ensuite les transports et les voies de communications, qui permettent aux régions agricoles de ravitailler celles où le sol est ingrat, ce qui ne les empêche pas d'être éventuellement très riches dans un ordre différent de production, en même temps qu'ils permettent à ces mêmes régions agricoles d'être approvisionnées en moyens destinés à augmenter leur rendement. Puis devait venir l'exploitation minière, avec le minimum d'industrie indispensable pour suffire aux besoins élémentaires de l'homme et de la terre, sans avoir recours au dehors. Le principal objet de cette industrie n'est pas l'exportation à l'étranger ni l'alimentation des banques en symbole d'échange, mais la fourniture des instruments de production agricole de sorte que tout se passe, pour ainsi dire, en circuit fermé.

Ce n'est que lorsque ce rez-de-chaussée, qui fait fonction de fondement du plan économique, est suffisamment solide pour servir de support à une superstructure, qu'on peut édifier l'étage supérieur de la grande industrie. Cependant, cette grande industrie ne doit pas être follement intensifiée en proportion de l'offre des crédits, mais en proportion de l'offre des produits bruts spécifiques qui en constituent les points de départ et aussi en proportion de la demande des produits achevés.

L'industrie, en effet, doit suivre la production brute, agricole et minière, et elle ne doit jamais la précéder. Agir autrement c'est faire marcher la charrue avant les bœufs et notre génération, beaucoup mieux que les précédentes, sait ou devait savoir quelles sont les conséquences de ce système.

L'économie a aussi son harmonie. Et l'idéal d'une économie nationale, comme d'ailleurs de toute économie privée, est de ne rien laisser inachevé dans la mesure où il est possible d'y arriver sans avoir recours à des facteurs du dehors.

Stolypine comprenait que dans ces conditions seulement pouvait être atteinte une économie parfaite, une économie à l'abri des vicissitudes des événements extérieurs et des complots de la finance. Ceci ne veut pas dire que la finance soit nécessairement exclue de cette économie. Elle s'en sert dans la mesure où cela lui convient, mais sans dépendre d'elle ni être à sa merci, car une économie qui n'est soutenue que par la finance ressemble à un pendu soutenu par une corde dont le bout se trouve entre les doigts crochus du Juif.

En grande partie le Transsibérien était dû à M. Witté. Cette voie ferrée, la plus longue du globe, est une œuvre grandiose qui fait honneur à celui qui la conçut et qui présida à sa réalisation, mais il est curieux de constater à quel point elle porte l'empreinte de l'homme pénétré des conceptions capitalistes de la vie qu'était Witté. Le Transsibérien ne traverse pas les parties les plus riches de l'empire asiatique russe, celles qui seraient le mieux adaptées à l'émigration intérieure et les plus susceptibles de devenir des foyers de productivité locale. Le principal but de cette formidable voie ferrée, sa raison d'être, semble avoir été de relier par le chemin de fer le plus court les régions peuplées de la Russie occidentale - et par son intermédiaire l'Europe - à la Chine et à l'Océan Pacifique, et d'ouvrir aux successeurs de Pierre le Grand une fenêtre sur une autre mer.

La Sibérie, avec ses incalculables richesses inexploitées et même inexplorées, avec ses milliers de kilomètres, ne fut dans cette affaire que l'obstacle à vaincre pour parvenir à un résultat qui visait principalement le transit, le commerce et les intérêts financiers.

L'œuvre similaire de Stolypine, que sa mort prématurée l'empêcha d'achever, était toute autre. Le Transsibérien du Sud traversait les contrées les plus fertiles et les plus propres à la colonisation intérieure. Et bien que plus court que l'autre, il devait être encore, après lui, la voie ferrée la plus longue de l'Europe.

La naissance du premier Transsibérien avait été saluée avec enthousiasme par la presse européenne parce qu'il diminuait pour les financiers de Paris, de Londres et de Berlin la distance entre leurs sièges centraux et leurs filiales de Pékin ou de Chang-Haï. Cette presse fit à peine mention de l'entreprise colossale que supposait la construction du second. Et cela s'explique parce que la construction du Transsibérien du Sud n'avait d'importance réelle que pour le peuple russe, ce peuple dont il était entendu une fois pour toutes que son plus grand bienfaiteur l'opprimait de façon impitoyable et dont le nom impersonnel servait à couvrir les aspirations d'Israël à qui le tsarisme barrait le chemin.

Un coup d'œil aux statistiques sera édifiant.

En 1895, après trois cents ans de domination russe, la Sibérie, beaucoup plus spacieuse que toute l'Europe, était peuplée de quatre millions d'habitants dont une partie descendait des déportés politiques ou de droit commun. Entre 1895 et 1907, entre l'ouverture du premier Transsibérien et l'accession de Stolypine au pouvoir, cette population avait augmenté d'un million et demi. Et rien qu'en trois années et sous l'administration de Stolypine, bien que le nouveau chemin de fer ne fut pas terminé, elle augmenta de presque deux millions.

En 1922, et en supposant que cette allure modérée se fut maintenue, la population de la Sibérie se serait trouvée augmentée de dix millions. Mais tout porte à croire que par le fait du nouveau chemin de fer et parce que l'inertie séculaire russe aurait été secouée par un gouvernement qui consacrait à cette tâche le meilleur de son énergie, ce chiffre aurait dû être multiplié par trois ou quatre.

D'après les évaluations que nous avons entendues de personnes qui approchaient ce premier ministre, la population émigrée de la Sibérie et du Turkestan russe aurait dû être entre 1920 et 1930, de trente à quarante millions.

Et ceci ne signifie pas trente ou quarante millions de prolétaires grinçant des dents, de va-nu-pieds courant après un salaire problématique, mais trente ou quarante millions de petits propriétaires cossus et prospères, plus riches en terre et en nature que la moyenne des agriculteurs français. Trente ou quarante millions d'hommes heureux de vivre, assurés de leur avenir, satisfaits de leur sort, économiquement indépendants autant qu'il est possible de l'être et constituant un frein formidable contre toute révolution, force conservatrice et réactionnaire comme aucun pays ni aucune partie du monde n'en possède actuellement de pareille.

Le seul bienfait indiscutable de la Révolution française a été l'amélioration économique de la classe paysanne et Dieu sait si on use et abuse de ce refrain pour en excuser les abominations. Mais au prix de quels vols manifestes et de quelles injustices criantes cette amélioration ne fut-elle pas achetée ?

Stolypine, lui, sans faire de tort à âme qui vive et sans jamais se départir de la plus scrupuleuse moralité et légalité, avait pris le chemin qui conduisait directement à un résultat beaucoup plus considérable.

L'ŒUVRE DE STOLYPINE - CAPITALISME ET PROPRIÉTÉ

Créateur d'innombrables propriétés, Stolypine l'avait été aussi de ce qui est inséparable : d'autant de libertés individuelles. Et ceci revient à dire que cette bête noire des partis libéraux fut véritablement un grand libéral puisqu'il avait créé des millions d'hommes libres et indépendants.

Et ce n'est pas *bien que* mais *parce que* Stolypine était un féodal de race jusqu'à la moelle des os qu'il sut agir ainsi et appeler le féodalisme qui lui était cher à devenir le fait et le bienfait de la nation entière au lieu de n'être, comme au moyen-âge, que le privilège envié d'une classe. Et les seuls qui puissent trouver paradoxal ce que nous venons de dire sont ceux qui ne sont pas parvenus à comprendre en quoi a consisté la substance du féodalisme et qui le jugent d'après ses limitations et ses imperfections.

Les détracteurs des anciens régimes dont la profession consiste à déformer les faits de l'histoire, ont réussi à établir une confusion entre deux choses totalement distinctes : le féodalisme et le servage ; alors que le premier traduisait le rapport des seigneurs avec le souverain ou des seigneurs entre eux, et le deuxième la relation des seigneurs avec les paysans, leurs serfs.

Le féodalisme était une création spécifique du moyen-âge chrétien en vertu de laquelle tous les propriétaires nobles, même les petits hobereaux, étaient des souverains indépendants sur leur terrain respectif. Ils l'étaient comme l'empereur ou le roi l'était sur le sien. L'empereur ou roi était le suzerain des seigneurs mais non leur maître, et eux, sans être ses serfs, constituaient, par souci de leur propre sécurité personnelle, car chacun d'eux séparément se serait trouvé dans l'impossibilité de se défendre en cas de conflits entre eux ou avec un autre monarque, ses effectifs ou ses cadres militaires.

Traduit en langage moderne, le féodalisme était une fédération intéressée de propriétaires autonomes et souverains sur leurs domaines, fédération qui assurait la sécurité de chacun d'eux. Le plus puissant par voie héréditaire présidait, comme on dirait aujourd'hui, cette fédération. C'était l'empereur ou le roi, suzerain des princes et des ducs. Chacun de ces princes ou ducs, en qualité d'intermédiaire hiérarchique, remplissait ce rôle pour les degrés inférieurs de la noblesse.

Tous les efforts de Stolypine tendaient à transformer chaque homme du peuple en un petit seigneur indépendant et souverain individuel dans son domaine, comme l'avait été le baron du moyen-âge, et, comme ce dernier, vassal et tributaire de la couronne, obligé de respecter ses lois, de se conformer aux impératifs du catéchisme chrétien, et de lui rendre certains services en échange des avantages qu'il en recevait. La Révolution française s'était efforcée de transformer chaque homme du peuple en membre interdépendant et en participant théorique d'une souveraineté collective, impersonnelle et anonyme.

L'idée de Stolypine était de constituer une société, individualiste et décentralisée, fondée sur la propriété privée. L'idée de la démocratie moderne est d'arriver à la constitution d'une société collectiviste et centralisée fondée sur le capital anonyme.

Stolypine chercha à pousser le féodalisme chrétien jusqu'à ses ultimes conséquences, en ennoblissant et en déprolétarisant jusqu'en bas, comme la Révolution poussa la démocratie païenne à ses ultimes conséquences en prolétarisant jusqu'en haut.

L'arbre que les révolutions ont planté, après avoir sapé le féodalisme alors qu'il suffisait de l'étendre à l'humanité entière, est le système capitaliste dont les fruits sont empoisonnés. Et nous en mourons pour la bonne raison qu'on ne peut pas vivre indéfiniment dans l'absurdité.

Nous périssons parce que le premier commandement de notre civilisation mercantile, édifiée par les Juifs et pour les Juifs, est qu'on ne peut manger que la marchandise qu'on a achetée pour de l'argent, après avoir vendu ce qu'on produit pour avoir cet argent.

Il en résulte un cercle vicieux absolument inouï. Les uns souffrent de la faim parce qu'ils ne trouvent pas à vendre leur travail pour de l'argent et avec cet argent acheter ensuite leur nourriture. D'autres détruisent leurs stocks de nourriture parce qu'ils ne trouvent pas à les vendre pour avoir de l'argent et acheter aux premiers le travail afin que ceux-ci avec cet argent, puissent acheter leur nourriture.

Il est interdit de vivre autrement que par l'argent et il est interdit de produire ce qu'il faut pour vivre autrement que pour l'argent. Et jamais consigne n'a été plus rigoureusement suivie ni jamais convention n'a été plus scrupuleusement observée.

C'est ainsi que nous pouvons voir un pays qui souffre de la surabondance des choses utiles à la vie alors que la moitié de sa population n'a pas de quoi manger, se loger, se vêtir ni se chauffer parce qu'elle n'a pas d'argent pour acheter ce qui lui est nécessaire et parce qu'elle ne peut se procurer cet argent qu'en vendant son travail à l'autre moitié de la population, laquelle à son tour manque de cet argent parce que, comme nous venons de le dire, elle souffre de la surabondance des choses utiles qu'elle ne peut vendre pour l'obtenir.

L'État, justement alarmé à la pensée que l'équipe des manquants de tout finirait par se jeter comme une meute de chiens affamés sur l'équipe de ceux qui souffrent de la surabondance de tout, se décide à intervenir.

Voyons maintenant comment il s'y prend.

L'État est le collectionneur des contributions payées par les riches ou par ceux qui sont censés l'être, par ceux qui souffrent de la surabondance. Mais il arrive, comme nous venons de le dire, que ceux-ci regorgent de tout sauf d'argent parce qu'ils ne peuvent pas vendre les utilités réelles pour en acheter, et c'est tout juste s'ils arrivent à payer la part inévitable de Shylock qui les a financés et empêcher la banqueroute officielle de l'entreprise.

Ce dont l'État a besoin en toute hâte, ce sont des vivres pour nourrir ceux qui ont faim et d'étoffes pour habiller ceux qui ont froid. Donc il devrait demander aux riches embarrassés par l'excès de leur abondance, non l'argent qu'ils n'ont pas, mais une partie correspondante des stocks dont ils ne savent que faire et qui renferment précisément ce qui manque aux pauvres.

Puisque mal il y a, cette solution semble la plus rationnelle économiquement, et elle aurait l'avantage d'arranger les deux parties, c'est-à-dire l'immense majorité et la minorité la plus intéressante du genre humain qui comprennent quantitativement et qualitativement ceux qui produisent en travaillant et ceux qui produisent en faisant travailler. Mais comme cette solution serait au préjudice de l'infime minorité, des rapaces qui ne sèment ni ne récoltent, ne travaillent ni ne font travailler - ils s'enrichissent par la circulation effrénée des signes - l'État capitaliste moderne lui en préfère une autre qui bat le record de toutes les aberrations.

L'État demandera aux contribuables qui regorgent des utilités qui manquent aux chômeurs, le seul article dont ils ne disposent pas : l'argent. Il les forcera à vendre à bas prix une partie de leurs stocks à la catégorie des rapaces dont nous venons de parler, et à devenir encore moins capables de donner du travail aux ouvriers. La partie des stocks cédée aux rapaces à bas prix, ceux-ci la revendront aussitôt, au prix élevé aux chômeurs qui la leur achèteront avec l'argent que l'État aura soutiré aux producteurs de ces utilités pour le leur donner.

Le bilan de cette ingénieuse opération est des plus édifiants : perte sèche des producteurs et employeurs qui vendent à bas prix au profit des parasites ; perte sèche des chômeurs qui achètent au prix élevé au profit des mêmes parasites ; perte sèche additionnelle pour l'État, en plus de celle qui était déjà inévitable et accroissement prévisible du nombre des chômeurs dans l'avenir. Gain sur tous les fronts pour les seuls intermédiaires qui manipulent les signes monétaires. En résumé, triomphe de la mercante et du Juif sur toute la ligne et espérance de progrès automatique et continu dans cette direction.

La misère de ceux qui travaillent, la ruine de ceux qui font travailler, la banqueroute de l'État et la menace d'un bouleversement social sont préférables à l'idée de se passer de l'intermédiaire de l'argent comme si hors du système capitaliste il n'y avait pas de salut possible pour le genre humain.

On ne peut nier que parmi ces victimes saturées d'amertume, il y en ait, et leur nombre grandit sans cesse jusqu'à devenir menaçant, qui brandissent déjà des haches et brûlent d'un désir aussi légitime que compréhensible de s'attaquer à ce tronc vénéneux pour tous, sauf pour les Juifs et leurs acolytes.

C'est avec la plus grande joie qu'on leur aurait donné un coup de main s'ils avaient proposé autre chose que ce que d'autres Juifs stipendiés et complices des premiers leur soufflent à l'oreille.

Comme de raison, ce que les Juifs suggèrent aux chrétiens contre les Juifs, en qualité de rédemption du mal capitaliste, est sous l'apparence d'un remède souverain, la plus colossale intensification du même mal : le pancapitalisme despotique et universel qui sous le vocable de communisme sévit en Russie depuis quinze ans où il a procuré à cent cinquante millions d'hommes la misère physique et la déchéance morale comme rançon de la plus complète servitude.

On en est arrivé à se demander si hors de ces deux alternatives, dont la nouvelle est seulement une aggravation de l'ancienne, il n'y a pas d'autre issue pour le genre humain.

Certes, il y en a une autre, et c'est le retour pur et simple au sens perdu et au régime de la propriété du type féodal que les objets et les personnes vivantes et non les chiffres ou les symboles déterminent. Mais cette fois ce régime ne peut pas être au bénéfice exclusif d'une caste privilégiée. Cette fois les collectivités entières ou plus strictement les innombrables individus distincts dont elles se composent devraient profiter de ce régime.

Telle est la signification profonde de l'expérience politique, économique et sociale que Stolypine tenta entre 1906, date de son ascension au pouvoir, et 1911, date de son assassinat.

Nous ajouterons cependant que pour qu'elle fût exécutable il ne suffisait pas d'être un réalisateur comme Stolypine. Il fallait encore que le territoire dont il disposait fût suffisamment spacieux par rapport au nombre d'habitants. Et l'empire russe l'était.

Un autre atout qui ne doit pas être considéré comme une bagatelle se trouvait dans son jeu : c'était le double fait que le peuple russe n'avait pas encore eu le temps de contracter la mentalité capitaliste si difficile à extirper et que dans sa grande masse il n'avait pas encore tout à fait perdu l'habitude d'obéir.

Du reste, il est fort probable qu'un Stolypine, ministre français, anglais, italien ou américain, n'aurait pas conçu ce projet. Pour cela, il fallait avoir dans le sang le sens spécial de ce que la propriété signifiait jadis, et dans les pays occidentaux, même chez les descendants des familles féodales, ce sens est déjà oblitéré par plus d'un siècle d'accoutumance capitaliste.

Aujourd'hui, lorsque nous disons qu'entre un propriétaire et un roi, entre un patrimoine et une patrie il n'y a que des différences de degrés sur la même échelle de valeurs, on ne nous comprend plus au-delà d'un méridien déterminé. En effet, pour les hommes modernes, le propriétaire est une variété de capitaliste, le patrimoine un placement de capital, le roi un magistrat en service et la patrie un consortium ou un comptoir idéalisé.

Stolypine possédait ce sens inné, de plus en plus rare de nos jours. C'est pour cela qu'il fut le champion le plus redoutable qu'il y ait eu des conceptions économiques et sociales diamétralement opposées à celles qui ont leur source dans la Réforme et dans la Révolution française. Il était tellement redoutable qu'il ne pouvait pas ne pas avoir été assassiné. S'il avait vécu et gouverné pendant une trentaine d'années et si la paix européenne n'avait pas été troublée, tout porte à croire qu'il aurait transformé la Russie anarchique et chaotique en un chef-d'œuvre d'un genre inédit. Certes, la comparaison n'aurait pas été flatteuse pour les démocraties où régnait l'économie collective et qui devaient le prestige et le fétichisme dont elles étaient l'objet à ce que les conservateurs ou ceux qu'on qualifie ainsi n'avaient rien de concret à leur opposer.

La Russie projetée n'aurait pas été seulement une fédération de petits propriétaires paysans. Elle aurait été aussi une fédération de propriétaires moyens et grands. Et il convient d'insister sur ce point qui est en contradiction ouverte avec la mystique en vertu de laquelle tous les hommes doivent être nécessairement égaux et semblables.

On devinera aisément que Stolypine n'était pas en guerre avec les siens, les grands magnats terriens existants. Très sagement, il désirait créer de nouvelles grandes propriétés qui seraient, partout où sa réforme s'étendrait, comme des centres de gravitation pour les constellations des petites.

Ces nouvelles grandes propriétés, Stolypine les considérait nécessaires comme modèles de haute culture et comme foyers d'influence beaucoup plus moralisatrice pour la paysannerie environnante que le contact de la bureaucratie dont il se méfiait justement. Il en connaissait, en effet, la vénalité et les affinités intimes parfois crypto-révolutionnaires. Stolypine estimait indispensables les nouvelles grandes propriétés parce qu'il voyait surtout en elles les points de départ de l'industrialisation future dont il ne méconnaissait pas l'importance fondamentale pour une nation moderne qui devait devenir, puisqu'elle le pouvait, la nation qui aurait le moins besoin des autres et dont les autres auraient le plus grand besoin.

Cependant, Stolypine ne voyait pas cette industrialisation comme son prédécesseur Witté l'avait vue, comme une conquête de la Russie encore inculte et dans ces conditions assimilée à une zone de pénétration économique, pour ne pas dire à une colonie, par les capitaux anonymes et par les Juifs internationaux. Stolypine, lui, voyait cette industrialisation comme une coopération féconde et réciproquement intéressée des ressources de la grande propriété avec la main-d'œuvre et les ressources multipliées de la petite, sans pour cela dédaigner par principe et surtout dans les débuts, l'appoint facultatif des capitaux aisément et promptement amortissables. Dans cet ordre de faits, comme dans beaucoup d'autres, rien n'est aussi funeste que de négliger les opportunités pour se raccrocher inintelligemment à un principe rigide.

Depuis longtemps, Stolypine connaissait les fabriques seigneuriales de sucre établies en Ukraine. Souvent, un grand terrien en possédait plusieurs, dix quelque fois, sans avoir contracté de dettes pour couvrir les frais d'établissement, sans dépendre des marchés de matières premières qui étaient ses propres betteraves ou celles de ses voisins avec lesquels il avait passé des contrats et sans autre main-d'œuvre que la paysannerie environnante. Et cela suffisait pour que la Russie fût un des grands fournisseurs de sucre du monde.

Dans les mêmes conditions, les seigneurs qui possédaient des terrains propres à l'élevage des moutons avaient monté des fabriques de draps et d'étoffe sans dépendre de fournisseurs lointains ni de créanciers à terme. Les titulaires de vastes forêts avaient installé des scieries et d'autres usines, des fabriques de papier entre autres où le bois est la matière première.

D'autres s'associaient avec des membres de leurs familles, avec des amis, des voisins, des pairs dans tous les cas, propriétaires héréditaires aussi, et faisaient surgir du sol des industries importantes de toute espèce.

En Livonie et en Courlande, l'actuelle Lettonie à proximité de la province de Kovno, Stolypine avait eu maintes occasions d'étudier les admirables foyers de culture occidentale dans la meilleure acception du mot qu'étaient les exploitations modèles des barons baltes. Là aussi, autant que la chose était possible, l'industrie achevait l'œuvre de l'agriculture sans nulle aide extérieure et par conséquent sans aliénation de l'indépendance et sans le moindre risque.

Le principe généralement admis chez les seigneurs de la campagne était que le placement le meilleur et le plus logique d'un revenu net n'était pas une banque ni l'achat d'actions ou d'obligations portant sur une affaire établie au diable vert et gérée on ne savait par qui. Le meilleur placement était pour eux leur propre terre ancestrale objet de leur sollicitude presque amoureuse et de leur légitime fierté. De père en fils, ils cherchaient à l'améliorer, à l'embellir, comme les rois font leurs royaumes, car ils vivaient sur cette terre et n'y étaient pas comme des oiseaux de passage. Bref, eux et leur patrimoine, qui était leur raison d'être et dont souvent ils portaient le nom, ne faisaient qu'un. L'argent passe, la terre reste. Les temps où l'on pensait ainsi sont loin.

Lorsqu'ils vendaient avantageusement leur blé, leurs betteraves ou leur laine à des meuniers, des sucriers ou des filateurs, ils se disaient que n'ayant aucune raison de procurer des bénéfices à des fabricants et à des intermédiaires, le plus rationnel serait de garder ces bénéfices pour eux. Et c'était ainsi que petit à petit se créaient des industries assez importantes sans l'intervention du crédit et pour le profit non seulement des titulaires mais des contrées environnantes dont ils se sentaient encore moralement les chefs.

Comme il y avait lieu de présumer aussi que ce qui pouvait être fait pour le sol pouvait l'être de la même façon pour le sous-sol russe également très riche, il était permis d'entrevoir, pour un avenir plus éloigné, la constitution de trusts verticaux et horizontaux à la fois. Cela aurait supposé la réalisation de ce qu'il y a de plus dernier cri capitaliste, avec la différence que la chose se serait faite dans les cadres de la propriété immobilière privée, de la réalité substantielle des valeurs et des rapports, de la stabilité dynastique des titulaires du crédit exclusivement mutuel qui se serait amorti en circuit fermé et se serait couvert avec la réciprocité des services et des prestations personnels.

Le jour où ce résultat aurait été atteint, la supériorité du régime de la propriété sur le système capitaliste aurait été manifestement prouvée. Le temps où tout se passait comme s'il n'y avait pas d'autre alternative pour le genre humain que le capitalisme israélite ou le communisme juif serait devenu un souvenir peu flatteur pour les générations que le flambeau judaïque éclairait.

Une crise du genre de celle dont nous souffrons actuellement, crise paradoxale de surproduction, serait inimaginable sous le régime de la propriété. Sous ce régime, cette crise s'appellerait une bénédiction du ciel.

Au temps de Joseph, fils de Jacob et ministre du Pharaon, il ne fut pas question de crise de surproduction pendant les sept années de bonnes récoltes.

Lorsque le capitalisme aboutit à cette conclusion stupéfiante que la surabondance détermine la misère, conclusion qui fait pendant à cette autre : « Le crédit, c'est la fortune « , il a prononcé sa disqualification et sa condamnation. Malheureusement le seul qui semble devoir en profiter est le socialisme, qui est un capitalisme au carré.

Il est bon de savoir qu'au début de ce siècle, plus stupide encore que le précédent, il y eut un homme qui proposa une autre solution et qui commença même à la réaliser.

Et cela nous fournira en même temps l'occasion de faire l'éloge de Nicolas II. Généralement, on le compare à Louis XVI. Mais si la balle d'un misérable Juif n'avait pas changé le cours de l'histoire, il aurait plutôt mérité d'être comparé à Louis XIII, car comme lui, il sut trouver (une fois au moins) l'homme de la situation et le maintenir au pouvoir envers et contre tous.

Stolypine, par ses dons de prévoyance, fut supérieur à Richelieu. Ce dernier, en centralisant et en achevant de déféodaliser la France, avait préparé le soleil de Louis XIV, mais en même temps et à son insu, il avait préparé aussi la guillotine de Louis XVI. Stolypine, lui, si on lui en avait laissé le temps, aurait porté à la révolution russe en marche un coup dont elle ne se serait jamais relevée et il aurait déjoué pour très longtemps le plan de la subversion mondiale. Il semble avoir été le seul homme de sa génération parvenu au pouvoir qui ait vu clair dans ce plan.

L'histoire presque contemporaine de la Russie démontre qu'il a suffi qu'une personnalité humaine apparaisse pour qu'une évolution, due également à la carence et à la bêtise d'autres hommes, soit non seulement arrêtée net, mais pour que, de descendante, elle soit spontanément devenue ascendante. Et elle démontre pareillement qu'il a suffi que cette personnalité disparaisse pour que les effets diamétralement contraires, dus à la bêtise, à la maladresse ou à la carence des hommes qui se sont remis à agir comme auparavant, reprennent leurs cours comme si rien ne s'était passé.

D'après ce qui avait été accompli en Russie pendant ces quatre années que la miséricorde divine semblait avoir accordées à sa détresse du fait de la présence au gouvernail d'un seul homme dont le meilleur du génie consistait à ne pas oublier que deux fois deux font quatre, on peut juger de ce qui aurait été réalisé après un quart de siècle.

« Notre but principal, déclara un jour Stolypine à un journaliste, est de fortifier le peuple agriculteur. C'est en lui que réside toute la force du pays et il compte déjà plus de cent millions de têtes. Croyez-moi, si les racines du pays deviennent robustes et saines, les paroles de la Russie se feront entendre avec une puissance nouvelle en Europe et dans tout l'univers. Notre mot d'ordre est le travail en commun fondé sur la confiance réciproque. Demain il sera le mot d'ordre de tous les Russes. Donnez au pays dix ans de calme et vous ne reconnaîtrez plus la Russie ».

Quatre années seulement après on commençait déjà à ne plus la reconnaître. Les ennemis politiques éventuels de l'étranger, les Allemands, grinçaient des dents.

Les adversaires sociaux se désagrégeaient aussi, et la scission devenait de plus en plus profonde au sein du parti social-démocrate. À son aile droite, les mencheviks se déclaraient prêts à collaborer pacifiquement avec le gouvernement ; ils considéraient la révolution comme définitivement morte et traitaient d'utopistes les bolcheviks (l'aile gauche), qui s'obstinaient à espérer un bouleversement dont celui de 1905 n'aurait été qu'une sorte de répétition générale.

Cependant, plusieurs, parmi les fondateurs du parti, se détachaient de ce dernier groupe, et adoptaient une attitude conciliante ; parmi ceux-ci se trouvaient Plekhanof, l'un des pontifes. Et Lénine, qui s'obstinait, passait à leurs yeux pour un maniaque.

Au dernier Congrès du parti avant la guerre, Congrès tenu à Londres en 1907, les bolcheviks obtenaient la majorité seulement grâce à l'appui d'une organisation officiellement juive, le Bund, de la social-démocratie lettone et de la social-démocratie polonaise dont la plus illustre représentante, qualifiée d'Allemande onze années plus tard, était la fameuse juive connue sous le faux nom de Rosa Luxembourg.

Les dernières lueurs de l'incendie de 1905 étaient éteintes. La pacification du pays était complète et les allocutions de Stolypine à la Chambre et ailleurs soulevaient partout des tonnerres d'applaudissements. Et il n'y avait aucune raison pour que cela ne dure pas, pour que cela n'aille pas de mieux en mieux selon un rythme de plus en plus accéléré. Ce progrès continu n'était pas l'effet d'un concours de circonstances ni de manœuvres plus ou moins subtiles sur l'échiquier intérieur ou extérieur. Il était dû à des causes solides et permanentes qui n'avaient rien de factice ni d'accidentel.

STOLYPINE ET LA QUESTION JUIVE

Comme il était facile de le prévoir l'œuvre de Stolypine se heurta à l'hostilité d'Israël.

Il est certain que Stolypine ne portait pas cette race dans son cœur et que, comme tous les Russes avertis, il voyait en elle l'ennemi par excellence, l'élément intrinsèquement hostile dont on retrouvait la marque de fabrique dans tous les attentats révolutionnaires. Mais il n'est pas moins certain aussi que dans les gestes de son gouvernement on ne peut relever aucune injustice particulière envers les Hébreux.

Cependant, aucun homme d'État russe, sans excepter ceux qui eurent la main la plus dure, ne fut aussi haï que Stolypine par la juiverie internationale.

Pour s'en convaincre, il suffisait de lire les journaux étrangers, surtout anglais ou américains, lesquels lui sont presque tous inféodés.

Nous avons encore présentes à la mémoire les premières lignes d'un article paru dans un des plus grands quotidiens de Londres, du reste réputé conservateur, dans lequel son correspondant résidant à Pétersbourg relatait l'entrevue qu'il avait eue avec le premier ministre russe : « Me voici donc dans l'antre du fauve... J'en examine les abords qui n'ont rien de particulier... »

Il serait compréhensible qu'on s'exprime ainsi en commençant le récit d'une audience chez Staline ou chez Trotsky, ou même chez Marat, chez Robespierre ou chez Cromwell, qui tous ont fait couler des rivières de sang. Mais

Stolypine, lui, avait fait un bien incalculable à des millions de pauvres paysans qu'il avait délivrés d'un joug intolérable quoique ce joug, au lieu d'être seigneurial, fut simplement communal, ce qui ne signifiait pas, en dépit de tous les sophismes de pacotille bien connus, qu'il fût plus léger à porter.

Stolypine n'avait fait couler le sang de personne, exception faite des révolutionnaires jugés, condamnés et exécutés dans des conditions où dans n'importe quel pays civilisé et sous n'importe quel régime ils auraient eu le même sort. La France républicaine de 1871 avait traité les communards exactement de la même façon et pour cela elle n'avait pas cessé d'être considérée comme la nation d'où sortaient les idées libérales, généreuses et éclairées de l'époque.

Stolypine se vit dans la nécessité de dissoudre deux, parlements parce qu'ils s'étaient rendus impossibles. Il était facile de s'en convaincre en lisant les procès-verbaux des séances qui n'étaient pas un mystère pour les journalistes étrangers. Et si après ces deux expériences il modifia la loi électorale ce fut pour ne pas faire un troisième parlement qui fatalement aurait eu le même sort que les deux premiers.

En définitive, Stolypine ne persécuta pas plus les Juifs que les autres ressortissants de l'empire. Même en supposant, conformément à la calomnie universellement répandue, que les dénommés « pogroms » aient été provoqués par la police, tsariste, un fait est indéniable : pendant que Stolypine occupa le pouvoir il n'y eut pas de « pogroms » en Russie.

Cependant, si Stolypine ne persécuta pas individuellement les Juifs il leur fit collectivement plus de mal que s'il en avait exterminé froidement quelques dizaines de milliers. Lui seul, il leur fit incomparablement plus de mal que ne leur en avaient fait tous les ministres, tous les gouverneurs, tous les gendarmes et tous les policiers des tsars depuis un demi- siècle. En effet, il est aisé de comprendre que pour toutes les variétés d'oiseaux migrateurs qui vivent dans l'ubiquité et dans le perpétuel mouvement, que pour toutes les catégories de parasites qui vivent gratuitement aux dépens de l'effort et du travail des autres, le système économique que Stolypine était en voie de réaliser constituait un véritable cataclysme.

Or, les chrétiens qui menaient cette existence facile au détriment des populations laborieuses et sédentaires, parce que le mauvais exemple les avait séduits et démoralisés, ne la menaient que facultativement, occasionnellement. Ils pouvaient toujours se réadapter à des conditions de vie qui avaient été celles de leurs aïeux. Mais pour les Juifs qui n'avaient jamais vécu autrement, cette existence était normale, et si elle prenait fin ils n'avaient plus qu'à disparaître, à émigrer.

Aussi, jamais en Russie, aux temps d'Alexandre Ier ni d'Alexandre II, depuis que les tsars, en démembrant la Pologne, avaient hérité de ses Juifs, il n'y avait eu autant de demandes de passeports pour les États-Unis. Le gouvernement ne se faisait pas prier pour les accorder. Et ce fut donc Stolypine qui contribua puissamment à augmenter la population des ghettos des métropoles du Nouveau Monde.

Comme leurs ancêtres au temps de Moïse, les misérables fuyaient la Russie, cette nouvelle Égypte où pourtant on ne les obligeait pas sous le fouet à construire les Pyramides. Ils sentaient et cela était bien pire, qu'en Russie il y avait de moins en moins de place pour eux et pour leurs méthodes. Mais leurs puissants congénères qui dirigeaient dans l'anonymat les affaires du monde, qui commanditaient les usines de l'opinion publique et distribuaient à l'humanité le crédit après le lui avoir fait confondre avec la fortune, ne se résignaient pas aussi facilement à la perte éventuelle des incalculables richesses de l'empire russe. Et il est probable aussi que le fait qu'il s'était trouvé un homme qui par voie expérimentale démontrait à sa génération qu'en dehors du capitalisme et du socialisme il y avait encore d'autres formes de vie et de rapports pour le genre humain, leur donnait à réfléchir.

Comme tout dans ce bas monde est relatif, il est évident que pour cette ambiance Stolypine devait être ce que Lénine et Trotsky sont pour nos contemporains honnêtes et chrétiens, ou ce que Danton ou Robespierre furent pour la société du XVIIIe siècle, un perturbateur dangereux de l'ordre social et un démolisseur de valeurs établies. Il fallait donc le représenter comme un oppresseur du peuple et comme un obstacle au progrès en marche. C'est à cela que s'employèrent, devant le forum des nations envoûtées, les mille voix de la publicité asservie. Et on conclut qu'il fallait se débarrasser de lui à tout prix et au plus vite, de peur qu'il n'ait le temps d'achever son ouvrage et de donner ainsi au monde un exemple qui pourrait être imité.

Maintenant nous pouvons comprendre pourquoi Stolypine, sans avoir déchiré personne, était un fauve aux yeux du journaliste si ému de se sentir dans son repaire. Et nous comprenons peut-être aussi pourquoi peu de jours après, cet antre du monstre redoutable — la villa de la banlieue de Pétersbourg que l'État avait l'habitude de mettre à la disposition du ministre en été — n'était plus qu'un monceau de débris. Une bombe jetée par des Juifs accoutrés en officiers y avait fait explosion un jour que le chef du gouvernement donnait audience. Une centaine d'innocents périrent, et si le ministre lui-même s'en tira sain et sauf, ses enfants en bas âge furent estropiés.

Cela se passa au début de sa carrière de ministre. Depuis lors les complots contre son existence se succédèrent sans interruption, mais la police les éventait. Stolypine était trop intelligent pour avoir besoin de ces ***memento mori*** afin de savoir qu'ayant engagé une pareille partie, il ne pouvait mourir de mort naturelle.

Pendant ses années si fécondes de pouvoir, Stolypine était tous les jours prêt à comparaître devant Dieu. En bon chrétien décidé à accomplir jusqu'au bout son devoir et à périr en soldat, sur la brèche, il attendait avec sérénité le jugement divin.

Ce qui fatalement devait arriver, arriva en septembre 1911. Ce fut à Kief, la vieille cité que les Russes considèrent à tort comme le berceau de leur histoire. À l'occasion de l'inauguration du monument élevé à Alexandre II dans cette ville, une représentation de gala qu'honoraient de leur présence le couple impérial, la cour et les plus hauts dignitaires de l'empire, était donnée à l'Opéra.

Toutes les places étaient par invitations et quelques-unes avaient été distribuées à des agents de la sûreté (Okhrana). Pendant un entracte, à un moment où le premier ministre, accoudé à la balustrade de l'orchestre, au premier rang, parlait avec animation au groupe qui l'entourait, l'un des agents de la sûreté, en habit de soirée, qui par hasard était Israélite, s'approcha sans avoir été remarqué et déchargea son revolver sur lui. Stolypine, blessé mortellement, s'affaissa en esquissant le signe de la croix sur la loge impériale. Sa dernière pensée, son dernier geste devaient être pour son souverain.

Stolypine expira quelques jours après. Mais ce n'était pas seulement un ministre qui mourait, au point de vue historique c'était plus qu'un tsar, car en réalité c'était le tsarisme, la Russie impériale qui venait d'être blessée à mort par une balle juive. Et si la Russie ne devait pas mourir quelques jours après cette blessure, elle devait en expirer quelques années plus tard.

Le public, le grand public et même une partie du peuple eurent la prescience de l'irréparable malheur national qui venait d'atteindre la Russie. Cependant, l'Europe n'attacha pas à cet événement, dont les conséquences lui échappaient, plus d'importance qu'à un fait divers. Et aujourd'hui encore, l'Europe ne s'est pas rendu compte que le meurtre de Kief, dans l'enchaînement des causes et des effets qui ont déterminé l'avenir, fut très probablement un fait aussi grave que l'assassinat de Sarajevo.

Il est fort possible que si Stolypine avait vécu, il n'y ait pas eu de guerre et s'il y en avait eu, il est presque sûr que la Russie y aurait fait meilleure figure. Quant à la révolution, vraisemblablement elle aurait été prévue et évitée en dépit de la guerre ; mais le destin ou l'évolution cosmique, vocables qui sont des pseudonymes de la conspiration préméditée, en avait décidé autrement.

L'œuvre inachevée de Stolypine périclita rapidement après sa mort. Le grand homme que la Russie venait de perdre ne laissait pas de postérité spirituelle capable de le continuer, et du reste la guerre mondiale était toute proche.

Cependant, sur cette terre il reste toujours une trace du passage des hommes vraiment supérieurs.

Dans le cas qui nous occupe, cette trace est si profonde pour ne pas dire indestructible, que les puissances qui sous nos yeux ont démoli en Russie l'empire, la dynastie, la noblesse, la bourgeoisie, la tradition, l'ordre social et qui ont aussi sapé la religion sans que leur œuvre se heurte à des résistances sérieuses, ne sont pas encore parvenues à effacer cette trace. Elle constitue le plus grand écueil, l'obstacle le plus sérieux que le bolchevisme ait trouvé sur son chemin, et obstacle et écueil sont constitués par la paysannerie relativement aisée et individuellement possédante.

Dans tous les livres que l'on écrit et que l'on publie sur la Russie actuelle il est question des dénommés « koulaks », « sieredniaks » et « biedniaks », paysans cossus, moyens et dénués de ressources personnelles et pratiquement semblables à des prolétaires. Or, la première de ces catégories, et en partie au moins la deuxième, sont en majeure partie sinon exclusivement dues à l'assassiné de Kief et représentent environ trois millions de paysans auparavant asservis au « mir » ou commune rurale créé par Alexandre II. Stolypine en avait fait des hommes libres dans leurs domaines respectifs et des *beati possedentes*, eux ou leurs successeurs par voie d'héritage.

Stolypine les avait délivrés de ce joug qui avait un avant-goût de socialisme, et aujourd'hui dans l'empire déchu ce sont les derniers défenseurs du principe de la propriété et les seuls avec lesquels la révolution stipendiée par le capitalisme judaïque international soit véritablement obligée de compter, car elle ne peut les convertir qu'en les exterminant.

Nous assistons donc à un spectacle suggestif. Il a été plus facile d'anéantir des siècles d'histoire que l'œuvre toute récente et d'ailleurs à peine commencée d'un seul homme qui fut au pouvoir pendant quatre années seulement. Et si la plus puissante tentative de collectivisation qui a été faite dans les annales de l'humanité échoue, ce sera l'ombre du grand novateur féodal dont notre génération a presque oublié le nom qui, vingt années après sa mort, aura vaincu.

Le bolchevisme a aisément triomphé des vivants et c'est ce mort, que les balles juives ne peuvent pas tuer une seconde fois, qui constitue son vrai péril.

C'est la plus belle oraison funèbre que l'on puisse faire du ministre de Nicolas II, et c'est l'histoire qui la prononce devant nous, sur cette tombe oubliée.

Nous terminerons ce chapitre par une comparaison, qui est presque obligatoire, entre les deux hommes qui se trouvèrent en vue à l'époque du crépuscule tsariste : Witté et Stolypine.

Si l'on oublie les relations étroites de Witté avec les milieux israélites, si l'on ne tient pas compte non plus des arrière- pensées qu'il pouvait avoir, lui et Stolypine voulaient en définitive la même chose : un État puissant, solide et prospère, un État matériellement moderne et dont toutes les possibilités latentes auraient été mises en valeur en temps de paix afin de pouvoir être mobilisées en temps de guerre.

Stolypine ne voulait pas un pays exclusivement agricole et ne répudiait pas les perspectives de l'industrie, car cela aurait supposé un conservatisme poussé jusqu'à l'idiotie. Et Witté non plus ne voulait pas faire de la Russie une contrée surindustrialisée au détriment de l'agriculture, car cela aurait supposé un progressisme poussé jusqu'à la démence.

L'un et l'autre cependant voulaient les deux choses, bien que pour y parvenir ils suivissent des chemins absolument différents.

Witté voyait cet État futur tel qu'un navire battu par les flots du crédit sur l'océan de l'ubiquité fluide internationale. Il voulait un État à l'imitation des États capitalistes d'Europe et d'Amérique qui se maintiennent en équilibre moins par leurs ressources qu'au moyen d'une sorte de jeu perpétuel jusqu'au moment où rien ne va plus.

Stolypine, plus original, le voyait tel qu'une forteresse édifiée sur le sol et le sous-sol national et ayant ses fondements enfoncés dans la terre ferme de ses ancêtres. Pour construire cet État il lui fallait plus de temps, mais le seul risque que sa construction comportait était celui d'être interrompue avant d'avoir été achevée.

Witté créa automatiquement une armée de prolétaires qui avaient tout à gagner avec un bouleversement, armée sans laquelle les Juifs n'auraient pas trouvé de cadres susceptibles d'être organisés pour faire la révolution. Et Stolypine, en pleine connaissance de cause, créa une armée de propriétaires naturellement et instinctivement solidaires de l'ordre social et seule capable de fournir, aujourd'hui encore, les effectifs d'une contre-révolution.

Witté travailla pour une province de l'ubiquité et la principale bénéficiaire de sa méthode devait être fatalement l'internationale de l'or et l'internationale rouge. Stolypine travailla pour le tsar, pour la Russie et pour les Russes. Mais il ne compta pas avec sa mort à lui ni avec la guerre mondiale prématurée.

Si Witté était allé jusqu'au bout de son entreprise, Lénine, Trotsky, Staline et leurs commanditaires n'auraient pas trouvé d'obstacles et n'en trouveraient pas encore quinze années après leur triomphe. Si Stolypine avait eu le temps d'accomplir sa tâche, les bolcheviks n'auraient pas trouvé le levier nécessaire pour soulever la sixième partie du monde et leur activité se serait bornée à des attentats isolés contre des personnes.

LA RÉVOLUTION DE MARS 1917

Avec la disparition de son plus illustre serviteur, le tsarisme entra en agonie.

Même parmi les plus proches collaborateurs de Stolypine dont deux pourtant, Kokovtsof et Krivochéine, avaient fait preuve d'une réelle valeur, le premier aux Finances et le second à l'Agriculture, il ne se trouva pas un homme pour prendre sa succession et s'imposer, comme il avait su le faire, aux partis politiques et à la cour.

Apparemment, la mort de Stolypine n'avait rien changé. C'étaient les mêmes ministres, la même Douma, la même bureaucratie, le même personnel ; et la même résolution de marcher sur les traces de l'irremplaçable disparu subsistait formelle et probablement sincère. Mais en réalité parce que sur cent millions d'hommes il y en avait un de moins et que celui-là seul était un chef, tout était changé.

Stolypine mort, tout alla à la débandade et à l'anarchie, en commençant par la cour impériale. Et il devait désormais en être ainsi, non jusqu'à la chute du régime, car le régime n'y était pour rien, mais jusqu'à l'avènement d'un nouveau chef.

Par malheur, ce chef fut Lénine, avec lequel l'agonie devait prendre fin et l'enfer devait commencer. Après l'assassinat de Stolypine, la faiblesse et les hésitations de Nicolas II augmentèrent encore.

Ne trouvant plus personne sur qui s'appuyer, le tsar arriva à ne plus savoir si c'était lui-même ou tout ce qui se trouvait autour de lui qui chancelait.

Tiraillé de tous les côtés à la fois, l'empereur ne savait plus à quel saint se vouer. Le fait d'être né le jour de la fête de Job lui semblait déjà un indice de fatalité. Il ne savait pas non plus à qui se fier, car sa famille se trouvait elle-même divisée sur bien des points. Le tsar priait ardemment Dieu qui ne l'inspirait pas. Et peu à peu, il en arriva à ne plus avoir confiance que dans les oracles, les spirites, les devins et dans toutes sortes de prétendus mages et initiés qui se mirent à pulluler autour de Tsarskoyé-Sielo d'où le couple impérial ne sortait presque plus.

La Révolution était imminente.

Alors que les Juifs des deux hémisphères, à l'unisson s'apprêtaient à mettre à feu et à sang la Russie condamnée, et qu'approchait le jour où devait s'ouvrir pour elle la période la plus sinistre des annales du genre humain, dans la capitale des tsars on s'amusait et on dansait comme jamais on ne l'avait fait auparavant. Même dans les villes de province on aurait dit que le carnaval battait son plein. Certes, un malaise indéfinissable grandissait partout de jour en jour, mais apparemment rien de particulièrement insolite ou anormal ne se passait nulle part.

Le 8 mars 1917, la Révolution éclatait prenant tout de suite des proportions inquiétantes.

L'Entente avait soutenu moralement tout au moins la révolution. Les futurs membres du gouvernement provisoire se réunissaient fréquemment chez l'ambassadeur britannique, sir G. Buchanan. Le Tsar protesta alors auprès de l'Angleterre, alléguant que son représentant soutenait des ennemis du gouvernement impérial. Il fut répondu qu'on n'avait personne à mettre à la place de sir Buchanan. Ce dernier resta.

D'autres forces travaillaient contre le tsarisme au premier rang desquelles il faut placer le judaïsme international.

« Il n'y avait pas une seule organisation politique dans ce vaste empire qui ne soit influencée par des Juifs ou dirigée par eux. Le parti social-démocrate, les partis socialistes-révolutionnaires, le parti socialiste polonais comptaient tous des Juifs parmi leurs chefs. Plehve avait peut-être raison quand il disait que la lutte pour l'émancipation politique en Russie et la question juive étaient pratiquement identiques »,[4] écrivait un auteur juif fanatique partisan de la révolution, qui proclamait plus loin :

« À un plus vaste degré que n'importe quel autre groupe ethnique, ils (les Juifs) ont été les artisans de la révolution de 1917 » (A.S. Rappoport, op. cit., p. 288).

Le tsar tomba.

Un hurlement de joie délirante salua sa chute.

La presse de l'Entente fut unanime. Pas une seule voix ne s'éleva pour prendre la défense de celui qui fut notre allié fidèle - jusqu'à la mort.

Selon la Princesse Paley, Lloyd George s'écria alors : « Un des buts de guerre de l'Angleterre est atteint ». L'Entente applaudit avec enthousiasme le nouvel état de choses.

« La France en 1793 avait contre elle, sinon les peuples, du moins les gouvernements de toute l'Europe, tandis que la Russie de 1917 a, pour la soutenir, la seconder, l'aider à vaincre, les démocraties du monde entier »,[5] écrivait alors M.

---

[4] Angelo S. Rappoport Pioneers of the Russian Revolution, p 250, Londres, Stanley Paul, 1918.

[5] E. Vandervelde. *Trois aspects de la Révolution russe*, Paris, Berger-Levrault, 1919.

Vandervelde, l'un de ceux que l'Entente avait envoyé en Russie apporter à la révolution le salut des démocraties occidentales.

On était tout à la joie de cette révolution « sans effusion de sang ».

Malgré cette complaisante affirmation, le sang coulait. Les soldats commençaient à tuer leurs officiers. Dans la flotte, à Helsingfors, Cronstadt et Odessa ce fut une vraie boucherie. L'amiral en chef Nepenin fut assommé et son corps resta trois jours sur la place, exposé aux insultes de la foule. L'amiral Viren qui commandait à Cronstadt fut attaché nu à un pieu et brûlé vivant en présence de sa fille. Dans les hôpitaux, les officiers malades ou blessés étaient achevés à coups de baïonnette.

Le tsar signa son acte d'abdication entre onze heures et minuit dans la nuit du 15-16 mars 1917.

À ce tournant difficile de l'histoire, les révolutionnaires ne commirent pas l'irréparable imprudence de montrer leur vrai visage. Sans aller aussi loin, ils auraient pu prononcer le mot de république. Mais en agissant ainsi, ils auraient risqué de perdre la partie car la plupart des généraux, s'ils avaient su qu'ils perdaient le tsarisme en lâchant le tsar, ne l'auraient pas fait.

Les événements nous ont prouvé jusqu'à quel point les agents invisibles avaient bien joué en se montrant si modérés dans leurs exigences.

Lorsque Goutchkof, délégué de la Douma, arriva à Pskof, au quartier général des armées du Nord où se trouvait Nicolas II et lui proposa d'abdiquer, ce dernier lui remit sans discuter l'acte d'abdication déjà rédigé en due forme. Ensuite, se tournant vers l'un de ses aides de camp, Nicolas II aurait prononcé ces paroles : « Si Stolypine avait été là, tout cela ne serait pas arrivé ».

Nicolas II avait raison. L'inattendu était seulement que le tsar n'abdiquait pas en faveur de son fils, mineur, malade et infirme, qu'il voulait garder auprès de lui, mais en faveur de son frère Michel qui de ce fait devenait, non pas régent, mais légalement empereur.

Malheureusement pour la Russie, la faiblesse et la légèreté d'esprit de ce prince ne pouvaient se comparer qu'à sa naïveté. Et, d'autre part, il n'avait pas la moindre envie de régner dans des conditions aussi périlleuses.

Marié morganatiquement et contre la volonté du chef de sa famille à la femme divorcée d'un officier de la garde, il avait été exilé et n'avait reçu l'autorisation de rentrer en Russie qu'au moment de la déclaration de guerre. Son mariage avait fait scandale et le grand-duc Michel n'était pas du tout l'homme de la situation.

Lui-même s'en rendait parfaitement compte. Deux jours après l'abdication de Nicolas II, les leaders représentatifs de la Douma le persuadèrent aisément que ce serait un beau geste de sa part d'ajourner son accession au trône et de s'en remettre à ce que déciderait la prétendue volonté nationale que la future constituante, élue au suffrage égal, direct et universel, devait exprimer. *Vox populi vox Dei*, et personne n'osait en douter ni admettre que la *Vox Dei* pût n'être que la *Vox Judei*.

C'était donc une façon d'abdiquer sans abdiquer ; en faisant un acte phonétique de politesse envers le passé, c'était se dérober derrière les mots. Et ce fut ainsi qu'en moins d'une semaine, en deux temps, le tsarisme cessa d'exister. L'habileté de ce tour d'escamotage ne pouvait pas être plus grande, car si l'on avait voulu le réaliser en un seul temps il n'aurait jamais réussi.

À Pskof, Nicolas II avait cru de bonne foi abdiquer en faveur de son frère. S'il avait su exactement ce qu'on lui faisait faire, se trouvant entouré de généraux dont tous n'étaient pas des traîtres à la dynastie et au régime, il aurait probablement refusé sa signature et tout porte à croire que la guerre civile aurait suivi son refus.

Une fois à Tsarkoyé-Siélo, l'empereur apprit qu'il avait abdiqué de fait en faveur de la république dont l'avènement ne faisait de doute pour personne. Et il apprit aussi, entre beaucoup d'autres choses, que l'impératrice y était déjà internée et que lui-même était prisonnier dans son palais. Les serviteurs du Juif n'avaient pas perdu leur temps.

Simultanément, le Comité provisoire de la Douma avait fait place à un gouvernement provisoire dont le chef nominal, en qualité de premier ministre et ministre de l'Intérieur, était le prince Lvof dont la famille remonte, parait-il, à Rourik. À cette époque, on disait avec une si grande insistance que cet aristocrate était de souche plus ancienne que les Romanof qu'il ne nous semble pas exclu que son idée de derrière la tête ait été de fonder, à la faveur du trouble et du désordre, une nouvelle dynastie. Il croyait que depuis le temps de Boris Godounof rien n'était changé.

Mais le prince Lvof se trouvait entouré par des gens plus habiles que lui. Ceux-là, à leur tour, étaient manœuvrés par d'autres plus habiles encore, de sorte que par une chaîne de la main gauche, on arrivait aux Juifs par la chair et par l'esprit qui se préparaient à appliquer, à la fin de ce cycle, un programme étrangement analogue à celui des *Protocoles* des Sages de Sion.

Le rythme de ces huit mois de révolution préliminaire peut être comparé à Isis se dépouillant peu à peu de ses voiles.

Nous énumérerons les « habiles » au premier degré et de la première heure qui encadraient le prince Lvof et avaient soin de l'entretenir dans ses illusions ambitieuses.

L'historien Milioukoff, chef des constitutionnels démocrates depuis une quinzaine d'années, recevait le portefeuille des Affaires étrangères. Milioukof s'honorait de l'amitié du grand financier judéo-américain : Jacob Schiff, ennemi personnel du tsarisme. Cela lui sauva peut-être la vie, mais ne l'empêcha pas d'être mis à la porte le jour où ses services ne furent plus considérés utiles.

La légende accréditée d'après laquelle il y aurait eu deux révolutions distinctes, l'une bonne et désirable, celle de mars, et l'autre mauvaise et détestable, celle de novembre, est absolument fausse.

La révolution russe a été un bloc, un seul et même contenu dynamique. Trois équipes d'ouvriers - nous insistons pour dire de simples ouvriers salariés y ont travaillé pour le compte du même patron.

La première équipe était composée par Rodzianko, Choulguine, Niekrasof, Milioukof, Goutchkof, etc. Cette équipe sema ou laissa semer, ce qui revient pratiquement au même. La deuxième, celle de Kerensky, Tchernof et compagnie récolta, et la troisième, celle de Lénine, Trotsky, Zinovief et consorts, servit à la table du maître.

Ce dernier, le patron, ou plus strictement l'actif fondé de pouvoir de l'entreprise de démolitions et de reconstructions, ne s'est même pas gêné pour manifester son sentiment dès la première heure et sans attendre les événements de novembre.

En sa qualité de ministre des Affaires étrangères d'un État provisoire qui n'était plus une monarchie sans être encore une république, le professeur Milioukof, ancien leader des Cadets qui aux yeux de la galerie passaient pour un parti sagement libéral et modéré, recevait un câblogramme de New-York qui était, quant au fond, celui du souverain qui exprime sa haute satisfaction au général qui a gagné une grande bataille. Et ce câblogramme était signé : Jacob Schiff.

À la place de Milioukof, un ministre normal aurait été profondément surpris. Le savant professeur, qui continue à jouir à Paris d'une haute considération et à passer pour une victime particulièrement intéressante au lieu d'être tenu pour l'un des premiers artisans de la tragédie russe, en fut profondément honoré. Et au lieu de répondre au message de Schiff avec un « de quoi vous mêlez-vous ? Est-ce que je vous félicite, moi, lorsque vous réussissez une fructueuse opération à Wall Street ? » Il s'exprima en des termes qui laissaient voir, c'est le moins qu'on puisse dire, la plus parfaite communauté de sentiments.

Ce fait est même tellement significatif qu'il est étonnant que, dérogeant à la règle séculaire de l'anonymat, l'un des princes de la conspiration mondiale soit pour une fois sorti de la réserve.

Cela indique à quel point on croyait, de ce côté, que la partie était définitivement gagnée dès 1917, non seulement en Russie mais dans le monde. Après la défaite allemande, la Conférence de Paris, dominée par le judaïsme, devait achever de mettre le monde aux pieds de la finance judéo-internationale. Et parce qu'on était convaincu du succès, on ne sentait même plus le besoin de compter avec l'opinion publique.

C'est ainsi que les hommes des révolutions heureusement éphémères de Hongrie, d'Autriche, de Bavière et d'Allemagne furent presque exclusivement des Israélites de race au lieu d'être des hommes de paille encadrés de circoncis dont Israël tient les ficelles. Pareille chose ne s'était jamais vue auparavant. Mais depuis on a compris que cette façon d'agir était encore prématurée et l'on est revenu aux anciennes méthodes.

Ce fut la révolution de mars et non celle de novembre qui avec les vœux de Jacob Schiff reçut en quelque sorte l'investiture d'Israël. D'aucuns croient naïvement que les choses se passaient ainsi parce que la révolution de mars était seule désirable au point de vue judaïque et que celle de novembre, à force de vouloir bien faire, avait dépassé les limites assignées et constitué une sorte de révolution dans la révolution. La réalité est qu'aux yeux des initiés la seconde révolution n'était que la suite de la première et partant il n'y avait pas lieu de répéter les paroles prononcées lors de la pose de la première pierre. L'édifice ne sera consacré qu'une fois terminé et il ne l'est pas encore. Avec la collaboration empressée de l'Europe et de l'Amérique, le travail se poursuit, mais on l'appelle aujourd'hui plan quinquennal.

Après l'abdication du tsarisme consécutive à celle du tsar et après la promulgation du prikaze n° 1 qui anéantit le dernier espoir d'une contre-révolution et rendit définitif le triomphe de la race élue, le cataclysme de la Russie commença effectivement.

Le prikase n° 1 avait été conçu avec une ingéniosité toute diabolique dont les délégués des ouvriers et des soldats de la région de Pétrograd, livrés à eux-mêmes, n'auraient jamais été capables. Ce document ne s'inspirait d'aucun précèdent dans l'histoire, car jamais nulle part ni au lendemain d'aucune révolution un document de cette espèce n'avait vu le jour.

Le prikaze n° 1 était l'assassinat de l'armée russe. Il brisait non seulement son élan et son esprit, mais son squelette, sa charpente, et la transformait en un corps flasque et sans vertèbres. En tant que force combative aussi bien nationale que contre-révolutionnaire, elle était finie. Délibérément on avait saboté ou plutôt étranglé l'une pour ne pas avoir à redouter l'autre. Autrement le dynamisme de la progression révolutionnaire qui devait aboutir à l'apothéose du Juif et à la métamorphose de l'empire déchu en colonie exotique de la banque judéo-internationale où Israël forgerait ses armes pour la conquête du reste de la planète, se serait trouvé compromis ou du moins menacé.

Nous insistons pour dire que c'est délibérément et en pleine connaissance de cause qu'une chose avait été sacrifiée à l'autre, l'intérêt inférieur de la Russie en tant qu'alliée et solidaire de la France et de l'Angleterre à l'intérêt évidemment supérieur de la race élue, car autrement il faudrait admettre que les hommes cultivés qui venaient de recueillir l'héritage des tsars étaient de parfaits idiots, ce qui assurément serait le contraire de la vérité.

Ce n'était pas l'œuvre de Lénine et de Trotsky qui avait délivré la Russie de l'asservissement tsariste. C'était l'œuvre de ces « esprits nobles, généreux et éclairés » qui étaient arrivés à ce résultat avec l'approbation au moins sympathique des ambassadeurs alliés. Et cette œuvre, les Français et les Anglais, - sans en excepter beaucoup de dénommés conservateurs et sans parler des États-Unis qui semblaient avoir attendu ces événements pour sortir de la neutralité et déclarer la guerre à l'Allemagne -, l'applaudissaient à tout rompre.

Le prikase n° 1 ne refroidit pas cet enthousiasme qui ne devait se changer en imprécations et en injures que l'année suivante, à la suite du traité de paix de Brest-Litowsk conclu entre l'Allemagne et les continuateurs de l'œuvre des « hommes généreux et éclairés » qui avaient rendu ce traité inévitable en brisant l'armée russe et en la rendant totalement impropre à la guerre.

D'autre part, on proclamait l'amnistie générale. Les portes des prisons et des bagnes s'ouvraient toutes grandes et non seulement les détenus politiques, mais les malfaiteurs de droit commun se répandaient dans les rues et sur les grandes routes.

Tous les terroristes qui pendant le dernier quart de siècle avaient ensanglanté l'empire tsariste, tous ceux qui avaient dû fuir pour échapper à la potence, les bas-fonds de Londres, de New-York, de Paris ou de Genève, rentraient en Russie. On les recevait comme des héros sans peur et sans reproche, et parfois même le ministre de la justice en personne, Kerensky, se dérangeait pour accueillir et saluer à la gare ces glorieux martyrs.

Enfin, le troisième grand geste du « progrès » s'accomplit le 14 avril. Un décret annonça la réforme agraire radicale, la confiscation sans dédommagements de toutes les propriétés terriennes excédant un certain nombre d'hectares. C'était une façon de mettre toute la noblesse sur le pavé. Mais on ne touchait pas aux bourgeois rentiers, aux porteurs d'actions ou d'obligations, à ceux qui vivaient de professions libérales lucratives, aux paysans ni aux dénommés « koulaks » qui constituaient la grosse paysannerie.

Ce ne devait être qu'une vingtaine d'années plus tard, une fois balayé tout ce qui précède, que le judaïsme se sentirait assez fort pour s'attaquer à ces corporations. Pour le moment, le paysan, gros ou petit, était l'animal de la révolution, autant que l'ouvrier et le prolétaire proprement dit. Les uns et les autres devaient avoir l'impression d'être les bénéficiaires du bouleversement qui s'opérait et de constituer un front commun.

On avait divisé les habitants de l'ancien empire en couches superposées. À chaque nouvelle étape du progrès, celle qui était au-dessus devait être supprimée avec l'aide de toutes celles qui étaient au-dessous. La dynastie avait déjà été éliminée avec l'aide de la noblesse terrienne, de la bourgeoisie d'argent, des milieux intellectuels et du peuple. Le tour de la noblesse arrivait et elle devait être éliminée avec l'aide de la bourgeoisie et le rythme de la révolution dès le premier jour a été identique à lui-même et n'a jamais changé.

L'aristocrate Lvof, le bourgeois érudit Milioukof, l'avocat révolutionnaire Kerensky, le terroriste Tchernof, Lénine et Trotsky, Staline et Compagnie ne furent et ne sont que les exécuteurs successifs du même plan original ininterrompu.

Les narrateurs, les historiens qui parlent des tâtonnements de la révolution russe jusqu'à l'avènement de Lénine sont dans la plus profonde erreur et c'est parce qu'ils la considèrent au début en fonction de l'intérêt de la classe moyenne, ensuite en fonction de l'intérêt de la paysannerie et finalement en fonction de l'intérêt du prolétariat. Mais s'ils la considéraient depuis le commencement jusqu'à la fin uniquement et exclusivement en fonction du judaïsme international — qui exigeait l'élimination successive de la dynastie, du militarisme, de l'aristocratie possédante, de la bourgeoisie participante et de la petite propriété paysanne — ils n'auraient pas de peine à constater que la révolution russe est un continu dynamique méticuleusement réglé avec une cohérence admirable et qu'aucun progrès éliminatoire n'a jamais été accompli avant qu'un progrès éliminatoire préalable en ait auparavant supprimé tous les périls.

Cependant, si à Pétrograd et dans deux ou trois autres grandes villes c'était encore le jour de gloire avec ses déroulements de cortèges, de fanfares, de discours et de débauche, à la campagne, dans tout le reste de l'empire, c'était déjà le Grand Soir. De long en large la Russie était illuminée par les incendies de vieilles demeures, de fermes, de parcs et de forêts.

Les instincts ataviques des moujiks que seule la peur des coups avait refoulés dans leur nature sauvage, s'étaient réveillés en sursaut dès qu'ils eurent appris que non seulement ils n'avaient plus à craindre ni Dieu ni Maître, mais qu'ils étaient eux-mêmes ce Dieu et ce Maître. On leur avait appris qu'ils l'étaient plus que le tsar dont l'autorité avait procédé de l'investiture divine, de la grâce de Dieu, alors que c'était de leur investiture à eux que les supposés héritiers du tsarisme se prévalaient.

Les moujiks en déduisirent que, puisque tout était à eux, par eux et pour eux, il ne leur restait (ne fût-ce que pour se persuader à eux-mêmes de la réalité de ce pouvoir) qu'à manger, boire, battre, piller, voler, violer, torturer, incendier, détruire et tuer, attributs indiscutables de la toute-puissance.

Pendant que l'orgie se déroulait à Pétrograd, des torrents de sang arrosaient les plaines immenses de la Sainte Russie, en attendant les rivières de lait et de miel dont les complices du Juif faisaient luire l'espérance et qu'aujourd'hui encore ils continuent à prédire pour l'avenir.

En cette période que les virtuoses de la plume qualifiaient d'idyllique, la désolation et l'abomination régnaient en Russie plusieurs mois avant l'apparition des bolcheviks proprement dits. On confondait la capitale avec la Russie. À Pétrograd il n'était encore question que de liberté, d'égalité, de fraternité et de justice. Et cela au grand attendrissement des étrangers et même de nombreux Russes citadins dont beaucoup sont encore convaincus que sans l'arrivée de Lénine en wagon plombé, la noble et généreuse révolution aurait réalisé quelque chose dans le genre d'un royaume de Dieu sur une partie de la terre.

Seule l'écorce extérieure du bouleversement russe, destinée à disparaître la première au contact de la terre, pouvait à la rigueur sembler libérale et humanitaire. Le fruit était socialiste ; la graine que ce fruit contenait était communiste, mais tout cela n'était encore que de la matière morte. Le germe de vie dont elle était la raison d'être et qui devait émerger au fur et à mesure que ces couches successives concentriques devaient pourrir ou être absorbées par lui, était juif. Ainsi la parabole évangélique du grain de sénevé s'applique également à la contre-Église qu'édifie le singe de Dieu.

Voyons maintenant rapidement les détails historiques de cette évolution.

Dans les premiers jours de mai, au beau milieu de cette période idyllique, une nouvelle émeute éclata à Pétrograd. Des détachements d'ouvriers qu'une main inconnue avait armés et auxquels s'était joint un régiment, prirent une attitude menaçante. Milioukof et Goutchkof, celui qui avait arraché l'acte d'abdication à Nicolas II et toléré comme ministre de la guerre l'ordonnance n°1, démissionnaient sous les huées de la populace en délire qui criait : « paix ». Et simultanément, M. Paléologue, ambassadeur de France, quittait son poste en compagnie des socialistes français déconfits qui étaient venus pour se pâmer devant la révolution libératrice.

À cause de tout cela le gouvernement provisoire devait être refondu et il le fut, comme on pouvait le prévoir, dans le sens d'un glissement à gauche.

Le nouveau gouvernement était un gouvernement de coalition, mais cette fois la majorité absolue appartenait au Soviet dont Kerensky était l'âme.

Dans cette nouvelle combinaison hybride, Kerensky s'était adjugé le ministère de la guerre. Il prétendait redresser le moral de l'armée et arrêter sa décomposition qui était son œuvre. Il voulait vaincre l'Allemagne non par la stratégie et la tactique, mais par la dialectique et la rhétorique. Et il aspirait aussi à rendre irrésistible des divisions et des brigades qui s'effritaient en poussière, en employant des méthodes analogues à celles qui jadis avaient réussi à Orphée avec les fauves.

Il est fort possible que Kerensky comme les matamores occidentaux de son parti, les Vanderwelde, les Branting, les Thomas, les Henderson et consorts, ait ingénument désiré la paix blanche dénommée démocratique, la paix conclue par-dessus la tête des régimes monarchiques ou républicains bourgeois au pouvoir, par les classes dites laborieuses des pays belligérants, la paix enfin qui, par une série de grèves simultanées, prélude d'une révolution générale, devait terminer d'un commun accord le conflit armé.

De la part d'un socialiste qui en dehors de sa propre ambition n'aurait eu en vue d'autre finalité que le triomphe du socialisme, ce raisonnement était logique. Mais il ne l'était pas de la part du judaïsme. Pour ce dernier, le socialisme n'était pas une fin mais seulement un moyen. Ayant d'autres cordes à son arc, que ses serviteurs inconscients n'avaient pas besoin de connaître, il comptait, sur le chemin de la Terre Promise, dépasser cette étape ou au moins y parvenir avec un atout en plus pour les conquêtes futures. Et Israël voyait juste.

Ce fut alors que le secteur américain de la conspiration mondiale qui avait été tenu en réserve reçut l'invitation d'entrer en jeu.

Or, une invitation de la part du Consortium juif de New-York était un ordre pour l'exécutif de Washington dont la personnalité représentative, Woodrow Wilson, n'avait pas la moindre envie d'être déboulonné comme son prédécesseur William Taft.

Personne n'a jamais compris pourquoi les États-Unis déclarèrent la guerre à l'Allemagne. L'empire germanique ne constituait pour eux aucun danger présent ni futur. Dans sa défaite escomptée, ils investirent cependant des milliards et envoyèrent près de deux millions de combattants, improvisés à la hâte, de l'autre côté de l'Atlantique.

Dans les annales de cette république pacifique entre toutes, pareille chose ne s'était jamais vue.

Le motif avoué de l'intervention fut de venger un bateau anglais à bord duquel se trouvaient des Américains qui voyageaient pour leur plaisir et auxquels l'ambassadeur germanique avait eu la précaution de donner un avertissement pour qu'ils ne fassent pas la traversée sous le pavillon des puissances belligérantes. La disproportion entre la cause et l'effet était tellement énorme que toutes les phrases sentimentales et boursouflées qu'on débita à cette occasion ne pouvaient suffire qu'à des adolescents absolument dépourvus de toute expérience des hommes et de la vie ou à des gens qui avaient reçu la consigne de ne pas approfondir les dessous des événements.

On ne s'explique pas non plus aisément pourquoi le président Wilson, qui était la créature du capitalisme juif, hésita jusqu'à la mi-avril 1917, tolérant l'approvisionnement des deux parties belligérantes par l'industrie américaine, ni pourquoi à partir de cette date seulement tout l'attirail de la publicité transatlantique se rua avec la dernière énergie sur l'Allemagne. Nous voyons à présent que c'est très simple : jusqu'à la mi-avril 1917, il fallait que la monarchie de droit divin allemande fût aidée à écraser la monarchie de droit divin russe. À cette date, ce but était désormais atteint, c'était chose faite et alors il fallait aider exclusivement les grandes démocraties occidentales, afin qu'à leur tour elles écrasent la monarchie de droit divin allemande.

Dans ces conditions, la Russie était avantageusement remplacée par l'Amérique et pouvait être abandonnée à sa destinée qui était de dépasser le socialisme, sans qu'il en résulte un péril éventuel pour ce monde futur « où la démocratie devait être à son aise « .

DE KERENSKY À LÉNINE

Les efforts tentés en Russie par Kerensky pour la conclusion de la paix démocratique à la suite d'une entente réciproque entre les partis socialistes des nations belligérantes furent vains.

Une chose était claire : si en Russie l'on persistait à continuer la guerre jusqu'au bout, c'était la révolution qui irait jusqu'au bout.

Ce que Kerensky craignait ce n'était pas la révolution jusqu'au bout, mais la contre-révolution en Russie en cas d'une victoire des deux empereurs de l'Europe centrale. Et il raisonnait comme l'aurait fait tout homme d'extrême-gauche et, comme tel, sincèrement dévoué à la juiverie, mais qui ne connaissait pas le fin mot de la conspiration mondiale.

Kerensky ne voyait pas la France et l'Angleterre aux prises avec l'Allemagne et l'Autriche-Hongrie sur le terrain national, mais très justement d'ailleurs - car tel était le sens profond de la conflagration - il considérait la lutte engagée comme un duel titanique entre le *médiévalisme barbare et la souriante démocratie* issue de la Révolution française.

Le tsar autocrate était tombé de son trône pour avoir ignoré ce caractère occulte de la guerre et épousé la cause de la démocratie contre les siens par l'esprit qui étaient les derniers titulaires du droit divin. Kerensky, démocrate et socialiste, avait le droit de se demander s'il pourrait éviter le même sort à la nouvelle république du progrès dont il était ou se croyait être le fondateur, dans le cas où à son tour il déserterait la cause des siens, la cause de la gauche internationale, au moment de sa lutte suprême pour l'hégémonie du monde. Et naturellement il se demandait aussi si en agissant de cette manière il n'augmenterait pas, sur tous les fronts intérieurs de l'Europe, les chances de la contre-révolution que la victoire du bloc monarchique entraînerait indubitablement, car ni lui ni personne, sauf les initiés, ne pouvait se douter alors que, pour empêcher une telle abomination, le « fort comme Dieu » jetterait l'Amérique.

Kerensky et les siens répugnaient à travailler pour les rois et à être les dindons de la farce, comme Nicolas II, sans s'en douter, avait travaillé pour le triomphe de la démocratie. Les Austro-Allemands ne cachaient pas leurs intentions à l'égard des régions où ils étaient déjà les maîtres et, bien que vaguement encore, il était question d'un roi de Pologne qui serait un archiduc autrichien ou un prince germanique, et même de l'union de la Pologne à l'Autriche sous le sceptre de l'empereur. Et on parlait aussi d'un grand-duc de Lithuanie, d'Ukraine, etc., etc., appartenant à des familles princières allemandes.

La position de Kerensky était extrêmement difficile. S'il concluait une paix séparée avec l'Allemagne et l'Autriche, il se mettait en marge de la démocratie, en travers de la croisade du progrès et se jetait dans les bras des dénommés suppôts de la tyrannie.

Dans le cas où Kerensky aurait décidé de poursuivre la guerre jusqu'au bout, il aurait déchaîné contre lui la révolution qui était sortie de l'abîme et qui l'avait porté au sommet. Et le tout aurait été de sa faute, de sa très grande faute car il aurait lui-même créé cette situation sans issue.

En effet, tout d'abord il avait supprimé la notion du droit divin qui, pour ce peuple sans nationalisme avait été le seul motif d'obéissance et de fidélité, ensuite il avait brisé la charpente de l'armée par la promulgation du prikaze n° 1 et finalement par la promesse du partage des terres il avait excité les masses populaires jusqu'au paroxysme.

Kerensky, petit avocat bavard et retors, démagogue de basse envergure, ne savait sur quel pied danser. Posant au tribun, par suite de circonstances inouïes il s'était trouvé métamorphosé en dictateur. À son grand désavantage, il n'avait pas plus de décision et de fermeté que Nicolas II, et si cette absence de qualité de commandement peut s'excuser chez un empereur, elle est indéfendable chez un chef de révolution. En résumé, Kerensky, cabotin toujours assis sur deux chaises, avait voulu les moyens et ne voulait pas la fin. Il se défendait contre les effets dont il avait déterminé les causes et méritait pleinement le défi que Lénine, dont l'étoile se levait, lançait contre son équipe : « Vous n'avez plus confiance dans les recettes du passé et celles de l'avenir vous effraient, mais vous avalerez ces dernières et elles vous étoufferont ».

Mais qui était celui qui parlait ainsi et d'où venait-il ?

C'était le chef du parti bolchevik qui, au début, avait constitué l'aile gauche extrémiste de la social-démocratie russe. En 1914, au moment de la déclaration de la guerre, le groupe bolchevik avait été presque complètement supprimé en

Russie. Lénine avait rédigé un appel qui fut lancé par le Comité central du groupe, donnant, comme mot d'ordre immédiat, la transformation de la guerre nationale, dite impérialiste, en guerre civile.

Par ce fait, il se séparait nettement, sur une question primordiale, de tous les autres partis révolutionnaires. Dans aucun des pays devenus belligérants, pas un seul parti révolutionnaire n'avait osé prendre une position aussi résolue en face de l'événement et déclarer d'emblée la guerre à la guerre sans restrictions ni réticences.

L'internationalisme des autres groupements internationalistes était relatif et susceptible d'accommodements opportunistes avec les xénophobies réciproques. L'internationalisme du groupe bolchevik était irréductible et absolu, et c'est pour cela qu'il subit sans fléchir et sans trahir son principe l'épreuve cruciale de 1914.

Ceux de ses membres qui s'écartaient de la ligne tracée - il y en eut et non des moindres - étaient impitoyablement rayés de ses listes. Contrairement aux autres partis, les bolcheviks russes cherchaient la qualité et non la quantité.

Cette « ligne » dont il est interdit de s'écarter et dont on a beaucoup parlé ces derniers temps à propos de la rivalité Staline-Trotsky, a toujours existé. La discipline de ce groupe a toujours été inflexible et elle a été maintenue par des épurations continuelles.

Les bolcheviks constituaient donc l'équipe d'élite. Le consortium dirigeant de l'ubiquité internationale la tenait en réserve pour le jour où la période anarchique et par conséquent destructive de la révolution étant achevée il faudrait procéder à l'édification du nouveau royaume d'Israël sur les ruines de ce qui avait été.

Plus spécialement, les bolcheviks constituaient l'élément offensif - nous voulons dire ouvertement offensif et positif de la révolution mondiale - tandis que les autres partis subversifs avaient pour mission négative de désagréger préalablement et simultanément à l'intérieur les possibilités défensives de l'ordre existant.

Pour cette raison, si le bolchevisme dépassait en brutalité et en cynisme les autres partis, il était dépassé par eux en hypocrisie et en perfidie. En effet, il était tout d'une pièce et paraissait savoir exactement ce qu'il voulait : il était le jusqu'au-boutiste de la révolution, et dans cet ordre d'idées « jusqu'au bout » signifiait jusqu'au Juif.

La mission du bolchevisme était moins de défaire que de refaire un monde que les erreurs ou les omissions des derniers tsars avaient commencé de défaire et dont l'inqualifiable anarchisme des révolutionnaires avait achevé la destruction.

Dans les dernières années du tsarisme, le bolchevisme ne joua qu'un rôle tout à fait secondaire tellement insignifiant même que la police le considérait avec indulgence et réservait ses sévérités pour les groupements responsables d'attentats terroristes.

Après la déclaration de guerre, le parti bolchevik subit une éclipse totale. Ses cinq députés à la Douma et quelques autres membres de son Comité central dont le fameux Staline, furent arrêtés et incarcérés pour crime de haute trahison. Les autres sectes révolutionnaires que la guerre démocratique enthousiasmait leur jetèrent la pierre.

Le vieux Plekhanof, l'un des premiers fondateurs du parti, s'en était séparé. Moins mordu par le démon de la solidarité des gauches que par celui du nationalisme, il se déclara pour la défense nationale qui s'identifiait avec la croisade des démocraties. Les deux irréductibles, Lénine et le Juif Zinovief (Apfelbaum), avaient fui à l'étranger. Et Trotsky, bien qu'il ne fût pas encore bolchevik, avait aussi franchi la frontière.

Postérieurement, la publicité enjuivée des deux hémisphères a représenté ces pauvres diables qui traînaient leur misère dans des logis plus que modestes de Londres, de Paris ou de Genève, comme de véritables diables incarnés qui, à l'exemple des grands prophètes - sans en excepter le Christ lui-même - avaient attendu l'heure du destin en plongeant dans des méditations profondes.

En réalité, l'heure que ces criminels attendaient était celle de l'ouverture des guichets des banques judéo-américaines ou de leurs correspondants de ce côté de l'Atlantique.

Le Saint-Esprit qui devait descendre sur la tête de ces futurs apôtres de la Contre-Église et qui devait transformer en tigres ces habitués des petits cafés était la manne sous la forme moderne de comptes ouverts dans les établissements de crédit. Et les potentats de New-York tardaient à faire pleuvoir cette manne car ils jugeaient opportun jusqu'à nouvel ordre de jouer la carte de la démocratie et de l'anarchie en subventionnant l'équipe précédente qui n'avait pas encore terminé son travail de démolition.

Un proverbe qui remonte à la plus haute antiquité et qui à notre époque est d'une actualité criante proclame qu'il n'y a point de rempart que ne puisse traverser un âne chargé d'or.

En citant ce proverbe, nous ne voulons pas insinuer que Lénine et Trotsky aient été des ânes

Mais de là à voir dans Lénine, Trotsky et leurs complices des sortes de divinités infernales, et dans ce qu'ils ont dit ou écrit des comprimés de forces mystérieuses qui ont changé la face d'une partie du monde, il y a de la marge.

Même en supposant qu'il y ait quelque exagération à ne pas admettre la part personnelle qui revient à ces énergumènes dans les événements de 1917, il n'est pas moins certain que le vrai conquérant de la Russie n'a été aucun d'eux, comme ne l'a pas été non plus un Milioukof ou un Kerensky. Le véritable conquérant de la Russie a été le dieu tout-puissant de la mythologie moderne, Mammon dont Israël est le ministre, et c'est encore et toujours lui seul qui sous les pseudonymes les plus divers continue depuis seize années révolues à y être le maître absolu.

L'envie d'agir ne manquait pas aux bolcheviks. Ils flairaient la décomposition de l'empire russe. Mais ils ne pouvaient pas faire grand'chose parce que le chasseur tenait ces chiens en laisse et attendait le moment opportun pour les lâcher. Et dans la circonstance lâcher signifiait financer.

Dans leurs taudis de Genève, de Londres et de Paris, les bolcheviks russes s'impatientaient et se désolaient de se voir devancés par les autres groupes révolutionnaires. Ils faisaient œuvre de bonne volonté en prenant part aux congrès de Zimmerwald et de Kienthal où ils proclamaient urbi et orbi leur programme de révolution immédiate par le sabotage de la guerre. D'autre part, ils éditaient plusieurs feuilles clandestines dans lesquelles étaient préconisées les méthodes les plus expéditives. Mais étant donnée l'absence douloureuse de ces autres bouts de papier que les instituts d'émission faisaient imprimer et que les établissements de crédit délivraient, il y avait une disproportion énorme entre l'agitation stérile des bolcheviks laissés à leurs propres ressources, et les résultats que peu de temps après ils devaient atteindre.

Depuis des années, Trotsky avait été expulsé de Russie, et puis d'Autriche, d'Angleterre et de France. Au moment du coup d'État de mars, il se trouvait à New-York où, dans l'espoir de toucher la miséricorde de son dieu il était allé se prosterner devant l'autel de Mammon. Mais reçu par son compatriote Jacob Schiff, le grand pontife qui venait de télégraphier sa haute satisfaction à Milioukof, il obtint seulement, jusqu'à nouvel ordre, le mandat de rentrer à Pétrograd pour y surveiller de près l'orthodoxie de l'équipe qui avait délivré du pharaon nouveau la « terre de captivité ».

À partir de ce jour, Leyba (Levy) Bronstein, dit Léon Trotsky, devenait l'œil et l'oreille du sanhédrin de la conspiration mondiale. Et c'était déjà un très grand honneur pour le fils d'un des innombrables juifs pouilleux de la Russie occidentale.

Mais Trotsky avait compris et il s'embarqua avec la conviction que s'il s'acquittait de sa mission comme il le fallait, le Pactole ne tarderait pas à couler.

À ce sujet, nous rapporterons un détail piquant.

Le bateau norvégien qui transportait Trotsky et sa fortune fut visité à Halifax, au Canada, par les autorités anglaises. Le futur bras droit de Lénine fut arrêté. Et ce fut Milioukof, le ministre des affaires étrangères de Russie, qui s'empressa de faire une démarche diplomatique auprès de l'ambassadeur d'Angleterre en Russie, Sir George Buchanan, pour que son gouvernement relâche ce Juif ultra-indésirable et lui permette de poursuivre son itinéraire jusqu'à Pétrograd.

Nous ne savons pas si ce ne fut pas Jacob Schiff qui intima ce conseil impératif au ministre éphémère du gouvernement provisoire, mais nous n'en serions nullement étonné, car c'est la seule hypothèse qui puisse expliquer l'incommensurable bêtise de ce geste.

Évidemment personne ne connaît de façon exacte la nature des entretiens qui eurent lieu à New-York entre le maître et le serviteur. Mais ce qu'il n'est pas permis d'ignorer, en dépit d'une systématique conspiration du silence dans tous les grands organes d'information, c'est que ce ne fut pas au nom de l'incirconcis Lénine, mais au nom de Léon Trotsky qu'ultérieurement fut ouvert le compte à la succursale de Stockholm de la banque Warburg frères et que ce fut ce Pactole qui porta le parti bolchevik au pouvoir. Nous devons ajouter que l'un des frères Warburg était gendre de Jacob Schiff et l'autre le mari de sa belle-sœur, et que leur correspondant à Stockholm, le banquier Jivotowsky était, à ce qu'il paraît, le beau-père de Trotsky.

De son côté, Lénine, qui n'avait pas de relations aussi brillantes parmi ceux qui figuraient dans le Gotha de la race élue, ne perdait pas son temps. À ce moment, qu'il croyait psychologique, le manque d'argent ne le laissant pas dormir, il eut l'idée que son mot de ralliement : « la révolution par la défaite » qui visait en principe toutes les nations belligérantes, se rapportait plus immédiatement dans la pratique à la nation russe. Dans ces conditions, ce mot de ralliement pouvait servir de base à une alliance momentanée entre le parti bolchevik et l'état-major allemand qui était trop infatué de lui-même pour avoir des craintes concernant l'armée ou la nation germanique.

Fort de cette trouvaille, Lénine chargea un Juif nommé Furstenberg, exilé à Stockholm sous le pseudonyme de Ganetski, où il se faisait passer pour Polonais, de négocier cette alliance qui devait lui procurer des subsides.

Dans le cas où cet ambassadeur ne réussirait pas, Lénine le renierait et le ferait passer pour un agent provocateur de l'Okhrana, car ces choses se passaient peu avant le coup d'État de mars 1917. Si Furstenberg était fusillé, tant pis pour lui, aux yeux des bolcheviks la vie humaine, même celle de leurs camarades, n'a jamais beaucoup compté.

Il est vrai que pour eux les principes n'ont jamais beaucoup compté non plus. De l'aveu de Lénine, qui loin de s'en cacher s'est toujours vanté de son idée ingénieuse, l'argent n'a pas de couleur. Il est toujours bon à encaisser lorsque c'est pour la bonne cause (la fin justifie les moyens) et beaucoup plus particulièrement lorsque l'argent procède d'un trésor impérial, royal, ou tout simplement bourgeois. En effet, dans ce cas, il ne s'agit que d'un commencement de restitution de ce qui jadis avait été volé au prolétariat et devait nécessairement lui être rendu. Mais toujours à la condition que le Juif en devienne le fondé de pouvoirs et de pouvoirs discrétionnaires. Ensuite, et tout comme par le passé, le prolétariat continuera à peiner, mais on dira que c'est pour lui-même, et s'il meurt de faim on dira que c'est pour la prospérité des générations futures.

L'opération conçue par Lénine réussit admirablement. Les Allemands, qui étaient déjà aux abois et ne songeaient qu'aux avantages immédiats, marchèrent à fond. Furstenberg, camouflé en Ganetski, ne fut pas fusillé mais devint par la suite commissaire du peuple pour le commerce.[6]

Le monde put donc voir cette chose extraordinaire : les empires semi-féodaux fournissant les premiers fonds à l'action du parti bolchevik. Mais l'Allemagne devait expier cruellement cette collusion impie au lendemain de sa défaite tandis que Lénine devait en être le seul bénéficiaire au détriment de trois monarchies de droit divin. Ce fut donc lui qui avait vu juste.

Cependant, et en attendant que les brasseurs de milliards de l'ubiquité internationale se décident à ouvrir leurs portefeuilles, les subsides germaniques ne furent qu'une sorte de hors-d'œuvre.

La persistance d'une théorie déconcertante par son absurdité, théorie qui prend prétexte de ce fait accessoire pour représenter le bolchevisme comme une création allemande, nous oblige à insister sur ce dernier point. Le but poursuivi par les propagateurs de cette théorie n'est autre que de détourner l'attention de la conspiration judaïque dont le bolchevisme est l'un des effets et le secteur le plus ouvertement agressif. Et comme cette théorie a l'avantage de créer un malentendu qui achève d'envenimer les rapports entre l'Allemagne et ses adversaires de 1914-1918, elle est accueillie avec faveur par les nationalistes dont la cécité ne craint rien autant que la pacification de l'Europe et la constitution d'un front chrétien uniforme qui constituerait le seul rempart infranchissable

---

[6] Signalons également la part importante prise dans ces négociations auprès du gouvernement allemand par le mystérieux Juif international Parvus-Helphand.

devant la subversion envahissante sous son triple aspect de démocratie, de capitalisme et de socialisme.

En fin de compte, ce que Lénine avait réussi à arracher aux Allemands, aux chrétiens de l'ancien régime, les Juifs pouvaient l'économiser. Sa débrouillardise attira sur lui l'attention bienveillante du consortium de New-York qui ne devait pas tarder à faire fond sur sa personne au moins autant et peut-être davantage, bien qu'il fut goï, que sur celle de Trotsky dont la vanité dénuée d'idéalisme et le constant désir de se mettre toujours au premier plan inspirait moins de confiance que le fanatisme sincère et désintéressé de Lénine.

D'autre part, l'état-major allemand était le seul qui se trouvait en mesure de faciliter le retour de l'exilé politique, devenu paradoxalement son allié, dans son pays natal. La révolution de mars venait d'éclater en Russie, et désormais aucun règlement ne s'opposait à la rentrée immédiate de tous les révolutionnaires et même des pires assassins qu'on assimilait aux héros et aux martyrs.

Dès qu'il reçut la radieuse nouvelle, Lénine, qui se trouvait à Zurich, adressa des lettres à ses partisans les exhortant à s'organiser sans perte de temps en vue de la prise du pouvoir. Il ne cachait pas son impatience, son angoisse de se sentir loin en des moments pareils.

Mais il n'eut pas à trépigner longtemps. Le gouvernement germanique, sans trop se faire prier et se rendant compte du cadeau qu'il faisait au nouveau régime russe qui persistait à ne pas vouloir mettre bas les armes, consentit à laisser passer sur son territoire, en wagon plombé comme s'il se fut agi de bacilles du choléra, non seulement Lénine, mais plusieurs autres révolutionnaires parmi lesquels sa femme Kroupskaya, Zinovief, Radek et Sokolnikof, le futur ambassadeur à Londres, les trois derniers Juifs portant, selon l'usage, des noms qui n'étaient pas à eux.

Ce fut ainsi que cette aimable compagnie traversa l'Allemagne dans toute sa longueur, le Danemark, la Suède, et, contournant la mer Baltique par le Nord, gagna la Finlande qui n'était pas encore séparée de l'ancien empire.

LÉNINE

À peine sur le sol russe et encore dans le train qui le ramenait et dans lequel en ce temps de débandade générale des ouvriers et des soldats montaient et descendaient à toutes les gares où les arrêts étaient interminables, Lénine commença sa campagne de propagande contre la guerre et pour le partage de la terre. Il avait l'intelligence de ne pas surcharger ses discours, de ne traiter que des sujets intelligibles à tous et de ne frapper qu'aux endroits les plus sensibles. Et la chose qui intéressait le plus les moujiks était la perspective immédiate de quitter les tranchées pour prendre possession des lopins de terre qui seraient à eux. En homme habile, Lénine, dans ces premières prises de contact, ne commit pas la faute de parler du communisme rural intégral.

La nouvelle de la rentrée de Lénine en Russie n'avait pas été publiquement annoncée. Sa femme, qui nous a laissé ce récit, ne s'expliquait pas comment on l'avait connue. Cependant, la réception eut quelque chose de triomphal et dès les premiers moments on se rendit compte que le petit bonhomme chauve aux yeux bridés qui sortait d'un compartiment ordinaire était un chef.

Dans toutes les gares et sur tout le parcours, les drapeaux rouges claquaient au vent. Les matelots de Cronstadt, célèbres par leurs exploits sanguinaires, entouraient et acclamaient celui qui devait les mener à la victoire et les faire mitrailler et fusiller plus tard. Les rues de la capitale étaient bondées d'ouvriers délirants qui chantaient des hymnes appropriés à la circonstance et ce fut au milieu d'un cortège imposant que le triomphateur du proche avenir, le chef de la troisième internationale communiste fit son entrée dans la future

Léningrad, sans que les prétendues autorités aient osé donner signe de vie. C'était de bon augure et cela lui permit d'adresser aux ouvriers et aux soldats les paroles suivantes : « Aucun appui au gouvernement de capitalistes ! À bas la guerre impérialiste ! Vive la révolution sociale ! »

On était à la mi-avril et les révolutionnaires de mars, les « glorieux » qui avaient renversé le « tyran », brisé la discipline de l'armée, promis toute la terre aux paysans comme s'ils en avaient été les propriétaires et annoncé une assemblée constituante élue au suffrage égal et universel, étaient déjà traités de capitalistes, de bourgeois et de rétrogrades.

Tous les jours, de la fenêtre de l'hôtel réquisitionné par lui, Lénine haranguait des foules considérables. Comme avec un marteau il enfonçait ses conceptions dans la substance vierge et plastique d'innombrables cervelles. Et ses paroles étaient recueillies avec enthousiasme, car tout ce qu'il disait devait plaire aux foules et était de nature à être compris par chacun.

Son éloquence était médiocre et en tant que rhétorique très inférieure à celle de Kerensky ; mais il savait communiquer à son auditoire sa conviction sincère et profonde. D'autre part, Lénine avait une compréhension intuitive de la plèbe et de ses instincts même subconscients, ce qui lui permettait de dire ce que la plèbe ne savait pas traduire en paroles. Et dans tout ce que Lénine affirmait, il n'y avait pas de restrictions, de réticences ni d'atermoiements. Ses discours, tout ce qu'il y a de plus terre-à-terre, étaient d'une logique sobre, substantielle et implacable.

Sans préambule ni péroraison, sans superlatif ni exclamation, Lénine allait droit à ce qu'il voulait et jusqu'au bout des conséquences sans jamais se trouver en contradiction avec lui-même. Il était comme ces corps simples ou éléments de la chimie que, jusqu'à ces derniers temps, on ne pouvait pas désintégrer parce qu'ils n'étaient pas différenciés, ou décomposer parce qu'ils n'étaient pas composés.

Et c'est pour cela que dans la nudité et la crudité de son cynisme dépourvu d'hypocrisie et de respect humain, il y a, quoi qu'on en dise, quelque chose de grand et de formidablement neuf, qu'on ne retrouve chez aucun des cabotins de la libre pensée ou de la démocratie.

Il n'y avait rien non plus de judaïque dans cet instrument parfait que le judaïsme trouva à sa disposition et que sa sagacité sut reconnaître. Le judaïsme sut se servir de Lénine à son insu pour faire faire un formidable bond en avant à la réalisation de son espoir millénaire. En effet, de tous les rénovateurs de l'humanité, en bien comme en mal, Lénine a été probablement le moins initié à la finalité de ce qu'il accomplissait.

Fort opportunément Lénine avait réussi à faire travailler Guillaume II et ses maréchaux pour l'avancement du socialisme. De la même façon et de bonne foi, il croyait pouvoir jouer le même tour à Jacob Schiff et à son consortium. Il le croyait en vertu de sa maxime que l'argent n'a pas de couleur et qu'il est de bonne guerre d'accepter les offrandes des empereurs et celles des capitalistes si elles doivent servir à renverser les trônes et les comptoirs, puisque tout ce qui sert à éliminer l'impur est pur et que la fin justifie les moyens. Mais cette fois il avait affaire à plus fort et à plus malin que lui.

Internationaliste jusqu'à la moelle des os, jugeant les autres d'après lui-même, Lénine ne discernait pas ce qu'il y a de messianiquement nationaliste dans l'apparent internationalisme israélite.

Utilitaire, matérialiste et athée dans le tréfonds de son être, Lénine était incapable de sentir ce que le dénommé matérialisme historique recelait de négativement spiritualiste et de maléfiquement religieux dans ses intentionnels enchaînement de conséquences.

Chez Lénine il y avait une hypertrophie d'astuce, de malice et d'intelligence dans le sens unique d'une idée fixe, celle de la lutte des classes pour la conquête du râtelier, aux effets de laquelle il rapportait tous les événements de l'histoire et en fonction de laquelle il voyait tous les problèmes de l'humanité. C'était sur le plan humain des théories de Darwin et de Haeckel, la transposition directe de l'hypothèse de la lutte pour la vie comme point de départ des espèces animales. Tel que Lénine le voyait, le genre humain se trouvait divisé en deux espèces par un plan horizontal : les exploiteurs ou repus et les exploités ou déshérités. Le seul motif de cette séparation résidait dans le ventre et il n'y avait pas de place pour l'esprit, pas plus d'inspiration divine que satanique.

Dans ces conditions, pour Lénine, Jacob Schiff, avec ses riches coreligionnaires, se trouvaient du même côté de la tranchée que Nicolas II. Et ce capitaliste qui finançait le socialisme contre le capitalisme, n'était pas plus malin à ses yeux que ce monarque par la grâce de Dieu qui avait prêté aux démocraties maçonniques le concours de ses armées pour renverser les monarchies de droit divin.

Telle était la conception simpliste d'un génie qui portait des œillères. Et par cela même il devait être un des meilleurs ouvriers de la vigne d'Israël, celui qui devait rendre au capitalisme juif des services inestimables tout en croyant dur comme fer avoir consacré sa vie à l'affranchissement du prolétariat par l'application et la réalisation du socialisme intégral sur la ruine du capitalisme.

L'erreur spécifiquement matérialiste et darwiniste de Lénine fut d'avoir ignoré que si le corps humain est le frère des bêtes, l'âme, dont il ne voulait rien savoir, est la sœur des anges bons ou mauvais. À cause de cela, en opposition de ce qui se passe dans le monde animal et conformément à ce que l'Écriture laisse sous-entendre, l'élément spirituel a la primauté, et ce qui divise véritablement la postérité d'Adam depuis Caïn et Abel ce n'est pas la lutte pour la vie ou lutte de classes, mais c'est la guerre des bons et des mauvais anges qui habitent indistinctement la chair des riches ou celle des pauvres, guerre qui se poursuit depuis le commencement et qui se poursuivra inlassablement jusqu'à la consommation des siècles.

Lénine croyait seulement à la bête et à la postérité du singe anthropoïde. Il ne croyait pas au diable ni au serpent de l'Eden, devenu le blason significatif de la race élue. C'est pour cela qu'il le servit et le servit si bien tout en croyant s'en servir. Et c'est parce que Lénine ne sut jamais comprendre que sa lutte des classes ne sert qu'accidentellement et opportunément de façade discrète et laïque au conflit permanent des deux dispensations religieuses, que la prodigieuse destinée de cet homme inspire plus de pitié que d'aversion et que sa fourberie à l'égard des hommes qui furent ses dupes se trouva dépassée par sa candeur à l'égard des Juifs dont il fut l'outil inconscient.

Avant l'arrivée de Lénine, les mencheviks et les diverses autres catégories de socialistes avaient constitué le personnel des soviets dont Kerensky, au début, avait été le grand ténor.

À l'occasion de leur premier congrès panrusse, du dénommé Soviet des Soviets, qui tint ses assises vers la mi-avril, les délégués des bolcheviks qui n'étaient encore qu'une minorité, se réunirent à part pour entendre la parole de leur chef.

Lénine y donna lecture de ses thèses. Il n'y alla pas par quatre chemins, et Plekhanof, l'implantateur du marxisme en Russie, considéré encore quelques années auparavant comme le pur parmi les purs, qualifia ce discours de délire.

La gauche embourgeoisée qui avait renversé le tsarisme qualifia Lénine de traître au service de l'Allemagne ; les mencheviks marxistes et les socialistes révolutionnaires le traitèrent de fou, et les bolcheviks eux-mêmes, au dire de Milioukof, « sentirent comme une douche froide ».

Le « leitmotiv » de ce premier coup de pioche fut le suivant : « Paix et fraternisation avec les soldats allemands ; tout de suite, toute la terre aux paysans et l'usine aux ouvriers ; tout le pouvoir et le contrôle de la production aux Soviets ».

Ces mots d'ordre qui avaient choqué les militants intellectuels devaient aller droit au cœur du vrai peuple dont ils traduisaient intégralement les désirs immédiats. Et le peuple, qui était las de formalités et de promesses, y répondit par des manifestations tumultueuses qui provoquèrent la démission de Milioukof et de Goutchkof et la constitution du gouvernement provisoire, encore plus à gauche, dont nous avons déjà parlé.

En comparaison de ce que Lénine prêchait, ce résultat était peu de chose. Mais mieux que quiconque, Lénine savait que Rome n'a pas été édifiée en un jour. Et en définitive, cette « première » sensationnelle, en dépit du scandale qu'elle provoqua, fut un succès puisqu'elle marqua le point de départ d'un nouveau glissement à gauche.

Sur ces entrefaites, grâce à l'incompréhensible intervention du modéré et supposé patriote Milioukof auprès du gouvernement britannique, Trotsky arrivait de New-York. Et aussitôt il adhérait au parti bolchevik.

Vladimir Ilitch Oulianof, dit Lénine, fils d'un fonctionnaire russe, était un idéologue réalisateur. Il l'était de bonne foi. Par contre, Leyba Braunstein, dit Léon Trotsky, né dans un ghetto et imprégné de l'orgueil humilié de sa race, se souciait fort peu des paysans et des ouvriers chrétiens qu'il haïssait autant que les nobles et les prêtres. Trotsky comprenait les finalités exclusivement judaïques du socialisme. Elles consistent à transformer l'humanité en une société anonyme unique par actions égales ; le capital de cette société doit être la planète Terre et elle doit exploiter le travail de toutes les créatures. Et Israël, avec peut-être quelques hommes de paille au début, doit fournir le conseil dictatorial d'administration de cette société.

Le troisième point de ce programme, réservé aux seuls initiés, échappait à Lénine pour les raisons psychologiques que nous avons déjà élucidées. C'était la seule chose qui le différenciait de Trotsky. Mais cela ne l'empêchait pas de travailler à l'accomplissement de ce programme avec conviction et ardeur, croyant de bonne foi édifier la future dictature du prolétariat sur les ruines d'une société capitaliste où les Juifs n'étaient encore que partiellement les maîtres et qui en conséquence ne représentait qu'une forme inférieure du progrès humain.

Lénine ne considérait la question religieuse que comme accessoire et en fonction de la lutte matérialiste des singes mal nourris et des singes repus. Pour Trotsky, fils de la Promesse, en dépit de sa culture agnostique superficielle, c'était le contraire ; le socialisme pour lui n'était que le fourrier du judaïsme. Mais pratiquement cela n'avait pas la moindre importance car le plan était élaboré de façon que l'un fût inséparable de l'autre.

Lénine était l'ascète incorruptible de l'idée pure. À cause de sa foi qui se communiquait aux instincts longtemps refoulés des multitudes par le canal de la sympathie ingénue, il était totalement désintéressé tant pour sa propre personne que pour sa race. Et comme instrument de combat il était même supérieur à l'ambitieux Israélite qui, tout en rêvant de la gloire messianique de son peuple, rêvait peut-être davantage à son exaltation personnelle.

Ces deux hommes devaient se compléter mutuellement, et selon toute vraisemblance, dans la pensée du consortium de New-York, ils devaient se surveiller réciproquement pour que ni l'un par son ingénuité ni l'autre par sa vanité ne s'écartent de la ligne la plus courte qui devait conduire Israël à son apothéose ou du moins à l'étape suivante de son Exode à travers le temps.

Dans le même temps que Trotsky arrivait de l'occident transatlantique et que dès ses premiers gestes il prenait aux côtés de Lénine la tête du progrès en marche, un autre collaborateur, promis aux plus hautes destinées, quittait son exil de Sibérie où il avait tranquillement attendu que la révolution eut dévoré ses premiers enfants, et prenait le chemin de la capitale.

Nous voulons parler du Georgien Djougachvili, déjà connu comme terroriste actif sous divers surnoms et définitivement sous celui de Staline que l'histoire retiendra. En russe, Staline signifie « homme d'acier », comme Lénine veut dire « homme de la Léna », grand fleuve sibérien aux environs duquel le fondateur du bolchevisme avait passé des années de bagne.

Staline s'installa donc à Pétrograd, dans un petit logement très modeste, en compagnie de ses deux amis intimes Skriabine, dit Molotof, ancien élève de l'École Polytechnique, son collaborateur actuel, et Dzierjinski, un autre habitué des bagnes impériaux, ancien étudiant de l'université et un des rares qui ait gardé son vrai nom. Dzierjinski, Polonais authentique, devait devenir le chef de la terrible Commission extraordinaire plus connue sous les initiales russes de « Tcheka ».

Dès le mois de mai 1917, l'état-major de la future étape du progrès se trouva donc au complet. Un Russe, Lénine ; un Caucasien, Staline ; un Polonais Dzierjinski, et tous les autres Juifs, parmi lesquels se trouvaient Trotsky, Sverdloff, Zinovief, Kamenief, beau-frère du premier, Radek dont le vrai nom est

Sobelsohn, et ils dirigeaient l'aile extrême de la révolution dans le conseil provisoire de la République russe. Cette institution faisait l'intérim entre la Douma pratiquement enterrée et la future Constituante pas encore née. Le parti bolchevik n'y comptait que soixante sièges sur près de six cents qu'occupaient diverses dénominations plus ou moins socialistes et un certain nombre de « bourgeois », la plupart assis sur deux chaises.

Cependant, malgré cette faiblesse officielle, les bolcheviks étaient à peu près les maîtres de la rue. Et dans son cénacle restreint, ce parti, décidé à agir, ne s'endormait pas. L'état-major germanique, pour lequel l'armée russe était désormais une quantité négligeable, avait arrêté ses subsides. Mais, par contre, par le canal des banques de Stockholm, l'or américain commençait à couler dans les caisses des bolcheviks.

Le gouvernement ne broncha pas. Ses membres étaient plongés dans des dissertations byzantines pour décider si la peine de mort était compatible avec les principes sacrés de la démocratie et les orateurs qui se succédaient à la tribune se livraient à des tournois d'éloquence quasi-scolastique.

Les symptômes de la Révolution française se répétaient en Russie textuellement. En France, au mois d'août 1789, l'Assemblée Nationale, composée de révolutionnaires relativement modérés, légiférait sur « les Droits de l'homme et du citoyen ». Le garde des Sceaux, confirmant une déclaration précédente de Necker, jetait en pleine séance le cri d'alarme suivant : « Les propriétés sont violées dans les provinces. Des mains incendiaires ravagent les habitations des citoyens. Les formes de la justice sont méconnues et remplacées par des voies de fait ; les proscriptions, la licence n'ont pas de frein, les lois sont sans force, les tribunaux sans activité et le commerce et l'industrie sont arrêtés. Et ce n'est pas l'indigence seule qui produit tous ces troubles ; la cause de tous les maux réside dans la subversion totale de la police et de toutes les autorités régulières ».

A un siècle et quart d'intervalle, les mêmes causes déterminaient en Russie les mêmes effets. En Russie comme en France, les usurpateurs périssaient par les armes de l'usurpation.

La réussite des idées de Trotsky et de Staline poussa les bolcheviks à se demander si le moment n'était pas arrivé de tenter un coup de force pour s'emparer du pouvoir qui, en effet, paraissait ne plus être à personne. Mais Lénine, le Fabius Cunctator de la révolution russe, le stratège des bouleversements sociaux, qui passait ses nuits à étudier les œuvres de Clausevitz presque autant que celles de Marx, était d'avis, à ce qu'il paraît, qu'il n'était pas encore temps d'agir et qu'il était préférable d'attendre, d'autant plus que le temps travaillait pour eux.

Si ce qu'on raconte de son opposition est exact, le « vieux », comme les siens l'appelaient, avait raison. Il n'était point nécessaire de monter sur l'arbre, au risque de tomber, pour cueillir les fruits qui sans tarder devaient tomber tout seuls.

On affirme que l'appel invitant les masses à renverser le gouvernement provisoire, qui devait être inséré dans l'organe officiel du parti la « Pravda » (La Vérité) fut retiré à la dernière minute. Mais le bruit s'en était déjà répandu et cela suffit pour que les matelots de Cronstadt, les enfants terribles de la secte bolchevique, fissent leur apparition à Pétrograd avec des autos blindées remplies de mitrailleuses.

Au mois de juillet et pendant deux jours, au lieu des cortèges avec chants et des processions avec étendards, agrémentés des habituels discours sur les places publiques, dans les rues de la capitale il y eut des fusillades. Les mitrailleuses crépitèrent aussi. Les balles atteignirent un certain nombre de passants et de curieux qui avaient commis l'imprudence de regarder par les fenêtres pour voir ce qui se passait. Mais cette fois quelques régiments de cavalerie rappelés en hâte du front suffirent pour disperser les émeutiers.

Plus tard, les bolcheviks soutinrent qu'ils n'avaient organisé qu'une grande manifestation, mais que cela avait suffi pour que le gouvernement prit peur. Les incidents regrettables qui s'étaient produits n'étaient donc dus qu'à une provocation gouvernementale.

Connaître sur ce sujet l'exacte vérité est extrêmement difficile.

Ayant été témoin de ces journées de juillet, nous croyons, sans toutefois l'affirmer de façon catégorique, qu'il s'agissait bel et bien d'une tentative d'insurrection qui échoua.

Lénine et le Juif Zinovief durent s'enfuir sous un déguisement en Finlande. Pour lui rappeler sans doute le bon vieux temps tsariste, Trotsky fut arrêté et incarcéré dans la forteresse de Pierre-et-Paul, et plusieurs autres arrestations sensationnelles furent opérées.

Par précaution sans doute, Lénine et Zinovief ne reparurent à Pétrograd qu'en octobre. Mais la plupart des révolutionnaires arrêtés furent relâchés peu après par ordre du gouvernement provisoire lequel, décidément, semblait ne pas concevoir qu'il pût avoir des ennemis à gauche.

Cependant, lorsqu'on apprit que Kerensky lui-même, le chef effectif du régime, s'était dérangé pour présenter ses excuses et délivrer personnellement au poste de police l'un de ceux qui avaient été pris en flagrant délit, il se produisit une stupeur.

Le privilégié en question était un Israélite nommé Nakhamkès qui agissait sous le pseudonyme russe de Stieklof, « l'Homme de verre ».

La conduite du chef véritable, sinon nominal, de l'État, semblait au moins bizarre. Et cela d'autant plus qu'à ce moment et en apparence au moins le gouvernement sortait de cette épreuve indiscutablement et facilement victorieux et qu'on pouvait croire qu'il ne dépendait que de lui d'en finir une bonne fois avec le bolchevisme et de rétablir l'ordre.

Pour arriver à ce résultat, il aurait fallu que le gouvernement s'appuie sur la force qui venait de le sauver, sur l'armée qui est l'antidote contre les révolutions, sur l'armée qui venait de manifester une loyauté au moins relative, bien que nous n'oserions pas affirmer qu'elle fût inspirée par l'attachement au désordre établi ou par la crainte du pire. Cependant, comme une grande partie de l'armée était sinon textuellement bolchevisée, du moins profondément démoralisée et anarchisée, il serait plus exact de dire que le gouvernement aurait pu s'appuyer sur certains régiments de cavalerie, particulièrement de cosaques qui constituaient une sorte de milice autonome domiciliée sur un territoire déterminé et que les mirifiques perspectives de la réforme agraire ne touchaient pas autant que les anciens serfs.

Mais, depuis des générations, ces régiments de cosaques avaient été le cauchemar des Juifs, la terreur de tous les mouvements subversifs et un gouvernement issu de la subversion triomphante sous les auspices de la race élue ne pouvait nourrir à leur égard qu'une prévention ou même une répulsion en quelque sorte atavique au-dessus de laquelle un Kerensky ne savait pas se hausser. Du reste, et bien qu'en dehors de ces remèdes peu conformes à l'orthodoxie démocratique, il n'y avait pas de planche de salut, il est probable que Kerensky ne pouvait agir ainsi sans se renier.

Sous la protection des « nahaïki » (sortes de fouets) cosaques, Kerensky ne se sentait pas plus rassuré que ne l'aurait été un rat sous la protection des fox-terriers, ou que le diable s'il s'était caché dans un bénitier. Mais il est déjà assez ironique

que ce démagogue parvenu au pouvoir n'ait pas eu d'autre ressource, pour s'y maintenir quelques semaines de plus, que de recourir aux chiens de garde de l'ancien régime !

Quoi que matériellement vaincus, les bolcheviks étaient moralement vainqueurs. Les circonstances de leur défaite révélaient la détresse du gouvernement provisoire lequel, pour durer, devait se jeter dans les bras des bolcheviks ou dans ceux des cosaques. Et si dans le premier cas il devait être étranglé par la révolution jusqu'au bout, dans le second il devait l'être par la réaction armée du knout symbolique et qui, elle non plus, ne se serait pas arrêtée en si bon chemin.

Placé entre ces deux alternatives, le petit avocat « bavard et couard », comme disait Lénine, « suivit la vertu qui lui parut la plus belle » et qui forcément devait être la démocratie. Mais pratiquement cela signifie qu'il choisit un équilibre absolument acrobatique, un statu quo impossible à maintenir longtemps.

Dès le lendemain de sa victoire à la Pyrrhus, ce vainqueur, infiniment plus embarrassé que les vaincus, commença par congédier ses sauveurs dont il avait une peur intense, sans même les remercier d'avoir risqué leur vie et perdu plusieurs chevaux qu'ils payaient de leurs deniers et que l'usage voulait qu'on leur remplace. Et cette milice solidaire qu'il froissa chaque fois qu'il en eut l'occasion devait lui en garder rancune.

Aussitôt après, Kerensky se mit en devoir de se débarrasser de certains de ses collègues, notamment du prince Lvof vraiment déplacé dans ce milieu, en invoquant le prétexte de la nécessité de réaliser une forte concentration démocratique.

Ajoutons que cette concentration signifiait que la démocratie devait être condensée en lui, Kerensky, président du conseil, ministre de la guerre et de la marine, ministre de presque tout, et finalement généralissime des armées en campagne.

Le « généralissime » Kerensky, tout en ayant une grande confiance dans son art oratoire, comprit qu'il avait besoin d'un sabre. Il crut le trouver dans la personne du général Kornilof, fils d'un simple troupier cosaque et qui avait conquis ses grades sur la ligne de feu au moment de la guerre russo-japonaise et sur le front autrichien pendant la grande guerre.

Le général Kornilof était le prototype du soldat rude. Incapable de feinte, sans avoir absolument rien du diplomate, sévère et souvent brutal autant que brave et juste, Kornilof était aimé de ses hommes pour sa droiture et pour sa franchise.

Ses affinités démocratiques avaient été suffisamment prises en considération pour qu'au lendemain du coup d'État de mars on lui ait confié la fonction de gouverneur militaire de Pétrograd. En ces heures décisives, c'était un poste de grande confiance. Ce fut lui qui se chargea de notifier à l'impératrice la déchéance de la dynastie et de la mettre en état d'arrestation dans son palais de Tsarskoyé-Siélo, où l'empereur, après son abdication, n'était pas encore retourné.

Après cet acte de loyauté retentissante à l'égard du nouveau régime, acte qu'il n'avait d'ailleurs consenti à accomplir que lorsqu'il se fût assuré que les deux titulaires successifs de la couronne y avaient renoncé, sans quoi il aurait été parjure à son serment de fidélité, Kornilof avait définitivement coupé les ponts avec la réaction légitimiste qui devait forcément le considérer comme un traître. Et, après s'être compromis irrémédiablement, il ne pouvait plus rationnellement désirer une restauration monarchique.

Dans ces conditions, le général Kornilof était le sabre rêvé de la démocratie et de la république dans la mesure au moins où elles pouvaient rêver d'un sabre. Mais la dure nécessité leur imposait cette déviation provisoire des « immortels principes » et comme d'autre part il ne s'agissait pas d'un sabre coupe-chou et que celui qui le portait sentait la poudre, il représentait exactement ce qu'il fallait pour compléter ce qui manquait au « généralissime » Kerensky.

Malgré tout, les capacités psychologiques de l'avocat bavard devaient à cette occasion se trouver en défaut une fois de plus. Entre l'homme des batailles de tréteaux et l'homme des vraies batailles il ne pouvait pas y avoir d'atomes crochus. Kerensky n'avait pas pensé qu'un militaire dans l'âme, descendant de guerriers professionnels, pouvait manquer de sympathie pour les privilégiés de la naissance, de la fortune et de la faveur impériale tout en réprouvant les méthodes démagogiques que le prikaze n°1 avait introduites dans l'armée.

Ce document que la malice juive avait inspiré à la démence démocratique pour s'assurer contre le péril d'une conjuration réactionnaire d'officiers, avait eu le don d'exaspérer même ceux d'entre eux qui au début avaient accueilli avec joie l'abdication de Nicolas II. En effet, tous se rendaient compte qu'il n'était pas possible de conduire à la victoire une armée commandée effectivement par des espèces de parlements élus au suffrage égal et universel et dont les chefs n'étaient plus que des sortes de fondés de pouvoir.

Peu de temps après effectivement, les Austro-Allemands, qui avaient reçu des renforts de leur front occidental, infligeaient à Tarnopol un véritable désastre à ce qui avait été l'armée russe.

Cette défaite russe ne signifia pour Guillaume II qu'un triomphe et une consolation éphémères, mais pour Lénine et Trotsky elle supposait une grande victoire. Leur thèse de paix immédiate et de fraternisation prolétarienne internationale gagnait du terrain dans des proportions immenses, et, s'en rendant compte, ils résolurent d'en profiter.

Se trouvant pris, plus que jamais, entre l'enclume de la réaction et le marteau de la révolution jusqu'au bout, Kerensky se tourna vers Kornilof comme vers l'homme providentiel.

Bien que seul responsable de la désorganisation de l'armée dont la sanglante défaite de Tarnopol était la conséquence inévitable, Kerensky profita de cette occasion pour révoquer le général Broussilof, ancien officier de l'aristocratique régiment des hussards de la garde, et ce fut alors que, parodiant le geste de Nicolas II, il se proclama lui-même généralissime avec Kornilof comme principal lieutenant. Et ce qui devait arriver arriva.

Le plébéien Kornilof, pas plus que le « ci-devant » Broussilof, ne se sentit en mesure de vaincre ni même de continuer la guerre avec des troupes soviétisées, avec une armée où ceux qui devaient obéir étaient appelés à contrôler ceux qui avaient le devoir de commander.

En présence des réalités de la vie, il n'y a pas de principes démocratiques qui puissent tenir. Il fallait coûte que coûte prendre une décision et deux seulement s'offraient au choix. La première était de faire la paix avec les empires centraux, ce qui équivalait, la neutralité effective étant pratiquement irréalisable, à se ranger, dans le conflit mondial qui mettait aux prises le droit divin et la souveraineté supposée populaire, du côté des premiers. Pareille attitude, de la part des socialistes que soutenaient les gauches des deux hémisphères, aurait été paradoxale.

La seconde solution consistait à continuer la guerre après avoir rétabli et renforcé la discipline militaire et le respect de la hiérarchie par le retour à la peine de mort, par la remise en vigueur de la loi martiale et, évidemment, par la suppression pure et simple de l'ordonnance n° 1. Mais, pour Kerensky et sa compagnie tout cela aurait équivalu à rompre avec les facteurs qui les avaient portés au pouvoir et qui les y maintenaient.

Le piètre dictateur infatué de sa personne s'était imaginé que le général Kornilof serait docile et maniable. Mais ce dernier, conscient de son écrasante responsabilité envers la Russie et fort des services incontestables qu'il avait rendus à la révolution naissante, se montra, aussitôt qu'arrivé au quartier général il eut pris contact avec l'état de choses existant, beaucoup plus catégorique que son prédécesseur.

Avec sa franchise un peu brutale de soldat sorti du peuple et avec un laconisme militaire qui ne voulait rien entendre aux subtilités dialectiques, Kornilof, comme on dit vulgairement, mit les pieds dans le plat. Et cette façon d'agir n'était nullement dans le goût ni dans la manière de Kerensky.

Pour gagner du temps, ce dernier essaya de négocier, tergiversa selon son habitude, louvoya et eut l'air de promettre vaguement le rétablissement de la peine de mort et quelques autres mesures partielles. Mais la discussion traînant en longueur, la correspondance entre ces deux hommes totalement dissemblables manqua d'aménité, et le rude militaire qui avait mis l'impératrice en état d'arrestation parce que, selon ses propres paroles, la Russie lui était plus chère, se fâcha et formula un ultimatum exigeant le retrait immédiat de tout ce qui avait été fait sur le terrain militaire depuis l'abdication de Nicolas II.

Cette fois-ci Kerensky n'hésita plus. Il y avait visiblement là, du côté de la Contre-Église universelle, un cas de *non possumus*. Se rendant compte de la menace qui pesait sur les conquêtes du Juif et de la révolution, il passa sans transition de la mollesse à la sévérité et, révoquant Kornilof, le somma de venir immédiatement à Pétrograd.

Kerensky oubliait qu'il n'avait pas affaire à un général courtisan que les foudres officielles pouvaient impressionner, mais à un dur à cuire qui, sous un régime de favoritisme, avait fait sa carrière à la pointe de son sabre. Et, refusant d'obéir, le général, furieux, fit marcher sur Pétrograd les détachements qu'il croyait fidèles.

Alors, pendant un moment, le frisson de la contre-révolution passa sur la capitale. Et les milieux bien pensants, oubliant la conduite de Kornilof envers la famille impériale, respirèrent et tendirent vers lui leurs pensées comme vers un sauveur éventuel. Mais ce moment fut de courte durée.

Kornilof et ses lieutenants, les braves généraux Krimof et Krasnof, ne purent nettoyer les écuries d'Augias du fumier de la révolution parce que sur ce fumier la semence jetée par Lénine, Trotsky, Staline et leurs complices avait eu le temps de produire une abondante moisson d'herbes empoisonnées. Ils n'avaient pas tenu compte de la soviétisation des troupes et de ses effets.

Averti du danger et frappé par l'allégresse que les éléments honnêtes manifestaient, Kerensky poussa un cri de détresse adressé à tous ceux qui s'agitaient ou sommeillaient sur le versant gauche, de la ligne de partage des cœurs, à tous ceux dont il est écrit dans l'Évangile que là où se trouvent les corps s'assemblent les aigles ou les vautours. Et à cet appel répondirent les vaincus éphémères des journées de juillet, le Soviet des délégués ouvriers et le Soviet militaire de Pétrograd, créé et dirigé par Trotsky, et les bandes recrutées dans les rebuts de la populace et armées par Staline avec le contenu des arsenaux de l'État.

En présence de l'offensive brusquée, ceux qui la veille encore, alors qu'ils croyaient définitivement par terre l'ennemi commun, ne parlaient que de s'égorger, devinrent subitement amis. En dépit de leurs sanglantes querelles de famille, ils se rappelèrent qu'ils étaient tous enfants de la même contre-Église.

Le troupeau de la conspiration mondiale, en apparence disparate et hétéroclite, se reforma en carré.

Kerensky et Lénine, la révolution de mars et la future révolution de novembre formèrent, en ces journées de septembre, un seul bloc homogène. En agissant ainsi, les uns et les autres infligeaient un démenti aux historiens futurs qui devaient prétendre qu'il y a eu deux révolutions contradictoires ou adverses, à ceux aussi qui proposent la démocratie comme l'antidote du bolchevisme.

Pour Kerensky il n'y avait plus d'ennemis à gauche. La voix du sang avait parlé. Et c'est pour cela qu'il y eut cent mille fusils et mitrailleuses pour le défendre car momentanément il était devenu l'oriflamme sacré de toute la révolution.

Par contre, Kerensky ne voyait à droite que des ennemis et tout d'abord et à leur tête ceux qui en juillet l'avaient sauvé du guet-apens bolchevik.

Pour la dernière fois, la Providence offrait à Kerensky et à ses partisans - dont beaucoup devaient périr dans les bagnes et les tortures comme de vulgaires grands-ducs ou de simples féodaux - une possibilité de se sauver eux-mêmes en sauvant la Russie du cataclysme final. Mais visiblement ces hommes étaient liés par des serments mystérieux ou par des engagements redoutables car eux, qui avaient toujours louvoyé et tergiversé, n'hésitèrent pas un seul instant en présence de cet intérêt supérieur ou de cet impératif catégorique de la conscience démoniaque.

Ils déclarèrent hors la loi les chefs militaires ouvertement rebelles en y ajoutant le général Kalédine, le grand ataman, le chef suprême de la milice cosaque que, sans preuve précise, on soupçonnait d'être en connivence avec eux. Et ce fut une façon de venger l'injure que les régiments cosaques lui avaient faite, à lui Kerensky, en le sauvant des bolcheviks.

À partir de ce moment, la situation cessa d'être paradoxale. Les frères plus avancés sur les sentiers qui mènent à la Terre Promise du Peuple élu sauvaient Kerensky de « l'infâme qu'il fallait écraser ».

Dès lors les bolcheviks comprirent qu'ils étaient la seule puissance effective de la révolution, car c'était à eux seuls que leur prétendu vainqueur de juillet devait sa nouvelle victoire sur les artisans de la précédente.

D'ailleurs, la dernière victoire ne coûta pas une seule cartouche aux cent mille énergumènes mobilisés à Pétrograd par les bolcheviks et mis par ceux-ci à la disposition de l'avant-garde révolutionnaire menacée. Au milieu des troupes de Kornilof, les noyaux et les cellules avaient fait leur ouvrage. Ils avaient expliqué à tous ces illettrés abasourdis qu'on les faisait marcher pour renverser un gouvernement qui avait enfin décidé de liquider la guerre et de leur donner à tous la terre des « barignes ». Et les résultats ne se firent pas attendre.

Sur les chemins de la capitale, sous l'effet des calories qui se dégageaient de l'incendie révolutionnaire, les armées fondaient comme de la cire sans qu'il y eut un seul combat livré. Et il ne resta à Kornilof d'autre alternative que de fuir et à plusieurs de ses lieutenants, d'autre ressource que de se brûler la cervelle.

Kerensky qui avait triomphé en juillet de la révolution absolue avec l'aide de la réaction relative, triomphait pour la seconde fois de cette réaction relative grâce seulement à l'appui de la même révolution absolue.

Et Staline d'écrire à Lénine toujours réfugié en Finlande :

« Nous sommes virtuellement les maîtres. Parmi les masses militaires et ouvrières notre popularité grandit de jour en jour. Nous disposons de cent mille fusils, plus qu'il n'en faut pour mettre en fuite le gouvernement provisoire qui ne peut guère nous opposer que ses bataillons de femmes. Vous pouvez revenir sans crainte vous placer à notre tête, car je ne vois pas qui serait assez imprudent pour ordonner votre arrestation ».

Tel était en effet le bilan de la deuxième victoire de Kerensky. L'agonie du régime demi-juif ou judéo démocratique de transition entre celui du tsar et celui d'Israël cent pour cent, allait commencer. Et si cette agonie dura environ deux mois, ce fut parce que Lénine se défiait encore.

Lénine ne se laissait pas hypnotiser par les affaires russes. Il examinait très attentivement l'horizon européen où, pour ceux qui étaient dans le secret des chancelleries, sinon dans celui des dieux, apparaissaient déjà des signes de paix sans vainqueurs ni vaincus.

Depuis plusieurs mois, l'empereur Charles avait succédé à son grand-oncle François-Joseph sur le trône d'Autriche. Il avait chargé son beau-frère, le prince Sixte de Bourbon-Parme, de négocier officieusement avec le gouvernement français.

On a su plus tard, par des révélations sensationnelles, que Guillaume II avait aussi envisagé cette éventualité et que ses conseillers, à l'exception de quelques pangermanistes auxquels les événements n'avaient rien appris, partageaient sa façon de voir.

Sans le mauvais vouloir de ceux qui au lieu du bien de leur nation et de l'humanité entière cherchaient le triomphe de la judéo-démocratie capitaliste et l'abolition dans le monde des derniers vestiges du féodalisme, l'extermination à titre de réciprocité aurait été abrégée et on aurait conclu une paix aussi honorable qu'avantageuse pour les deux côtés.

Mais le résultat poursuivi était tout autre, ce résultat dut-il coûter, à des centaines de milliers de femmes et d'enfants, la vie de leurs époux et de leurs pères.

Ce qu'il fallait, c'était écraser l'infâme. Et l'infâme n'était pas Guillaume II qui avait violé la neutralité de la Belgique, dont les troupes avaient commis des actes répréhensibles et dont les sous-marins avaient torpillé des transatlantiques. L'infâme était ce que Guillaume II représentait et davantage encore ce que représentait l'inoffensif et innocent mais catholique Charles d'Autriche. L'un et l'autre en effet, étaient des monarques de droit divin et sous leur sceptre se groupait la noblesse traditionnelle attachée à la propriété foncière. Et cette noblesse tenait encore tant bien que mal le haut du pavé autant dans le domaine des préséances que sur le terrain politique, économique et social.

C'était cela qu'il fallait faire disparaître. Et tout a été sacrifié à cette insanité dont tous les peuples sans distinction, à la seule exception du peuple élu, digèrent aujourd'hui au risque de leur vie les effets toxiques. Elle constituait la finalité inavouée et depuis longtemps préméditée du conflit mondial et le motif du déchaînement inouï des passions haineuses qui l'accompagnait et que la publicité subventionnée à cet usage alimentait inlassablement. Et c'est pour cela que toute paix qui ne l'aurait pas réalisée, que toute paix moralement et matériellement acceptable pour les deux parties belligérantes et partant susceptible de servir de point de départ à une véritable pacification européenne et peut-être à une unification du front chrétien contre son seul ennemi commun, était rageusement définie défaitiste et prématurée.

Cependant, en 1917, il y eut un moment où, devant l'énormité des sacrifices quotidiens et stériles, la conscience de plusieurs hommes d'État européens, un peu moins enjuivés que leurs collègues, se réveilla. Et un rayon d'espérance brilla un instant dans l'atmosphère orageuse.

Dans les chancelleries, à huis clos évidemment, il fut question de cette paix dite défaitiste et prématurée. Mais il n'y avait pas de danger que le sacerdoce de Mammon et les pontifes de Sion laissent signer cette paix qui en effet aurait été *prématurée* puisque le médiévalisme infâme n'en serait pas sorti écrasé et que l'Europe n'aurait pas été bouleversée au point de vue politique, économique et social.

La missive de l'empereur d'Autriche devait être vaine, l'intervention du roi catholique Alphonse XIII et du pape Benoît XV stériles, et la bonne volonté de plusieurs ministres français parfaitement inutile.

De nos jours, les rois, les empereurs et les papes ne représentent plus rien ; les chefs de gouvernement démocratiques, pas davantage que les parlements et les corps électoraux eux-mêmes, n'ont plus la moindre influence sur la marche des affaires de ce monde. Nous en avons la preuve dans ce que pendant quinze mois encore les hommes de toutes les races continuèrent à s'entre-massacrer pour le seul profit et pour la gloire du petit peuple en perpétuel exode à travers le temps et l'espace vers un avenir prestigieux. Et cet avenir annoncé par ses prophètes il y a environ vingt-cinq siècles, semble bien prendre corps sous nos yeux.

Le plan de la subversion devait être réalisé jusqu'au bout car telle était la véritable signification occulte du jusqu'auboutisme considéré en opposition du défaitisme. Autrement, on ne pourrait pas comprendre pourquoi une paix avantageuse pour la France, l'Angleterre et l'Italie en même temps que pour l'Allemagne et l'Autriche, paix conclue avant l'effondrement de ces dernières, devait être nécessairement qualifiée de défaitiste.

L'écroulement de l'Allemagne était uniquement indispensable à sa conversion consécutive et forcée à la démocratie. S'il est vrai qu'en 1917 les « esprits nobles, généreux, libéraux, tolérants et éclairés » n'admettaient pas la paix avec l'Allemagne avant qu'elle ne fût pantelante et « à genoux » c'était parce qu'ils savaient qu'elle ne serait « convertie » que le jour où elle serait écrasée.

En octobre de cette même année, en Europe avait disparu tout espoir de paix générale. Dès lors pour le gouvernement russe il n'y avait plus que deux alternatives : la paix séparée ou la guerre à outrance.

Le triomphe de Lénine n'était plus qu'une question de jours, de semaines tout au plus !

LE COUP D'ÉTAT DE NOVEMBRE 1917 - LE TRIOMPHE DU BOLCHEVISME

Dès les premiers jours d'octobre, le mouvement ultra-révolutionnaire s'intensifiait dans toute la Russie. Les innombrables Soviets des villes qui jusqu'alors avaient été dominés par les mencheviks et par les sociaux-révolutionnaires, - les deux dénominations favorables à Kerensky et à Tchernof -, se bolchevisaient rapidement. Et celui de Pétrograd, qui politiquement était le plus important de tous, venait d'élire Trotsky président.

Les élections municipales furent un véritable désastre pour les mencheviks et pour les sociaux-révolutionnaires. À Moscou, elles donnèrent trois cent cinquante conseillers bolcheviks - la moitié environ de l'assemblée - contre moins de deux cents cadets, un peu plus de cent sociaux-révolutionnaires.

Souvent, encouragés par les agitateurs bolcheviks, les soldats russes fraternisaient avec les soldats allemands qui, à leur tour, étaient encouragés à se conduire ainsi par le haut commandement austro-germanique. Ce dernier croyait coopérer au désarmement moral de ce qui restait de l'armée russe, alors que le but des bolcheviks était de contaminer l'armée impériale allemande et autrichienne de sorte que, une fois de plus, convaincus dans leur infatuation que ce qui était arrivé à leur voisin ne saurait leur arriver à eux, les empereurs de droit divin collaboraient avec la cause de la révolution internationale.

Le parti bolchevik ne se gênait plus. Chassé, pendant les journées de juillet, de l'hôtel de la Kchesinska, il réquisitionnait un institut de jeunes filles de la noblesse, l'institut Smolny, et y installait son quartier général.

Le parti disposait de quatre imprimeries d'où sortaient une demi-douzaine de quotidiens et des centaines de milliers de tracts et de brochures. L'insurrection, le coup de force pour la prise du pouvoir n'y était pas seulement prêché, il y était annoncé comme imminent.

Comme Staline l'avait écrit à Lénine, Kerensky ne disposait effectivement que de quelques bataillons de femmes qui dans un accès d'exaltation patriotique avaient endossé l'uniforme et appris à manier les armes à feu.

Nous pourrions rectifier Staline en disant que Kerensky, en plus des femmes, pouvait compter sur les élèves des écoles militaires de Pétrograd. Quelques centaines de femmes et d'adolescents ! Magnifique appui pour ce régime abject qui, plus encore que celui de Nicolas II à la dernière heure, avait réussi à faire le vide autour de sa cause et auquel, mieux qu'à aucun autre, s'appliquait cette parole de l'Évangile : « Sois chaud ou froid, car si tu es tiède, Je te vomirai ».

Au gouvernement provisoire, comme à son chef non moins provisoire, il ne restait plus qu'à mourir comme ils avaient vécu ; le premier en délibérant sur les questions d'orthodoxie démocratique, le second en prononçant des discours. Et disons en passant que cette triste perspective n'empêchait pas Kerensky de boire à la coupe de la vie en se prélassant dans les splendeurs du Palais-d'Hiver qu'il habitait et en considérant le ballet de l'Opéra comme son harem.

Cependant Kerensky se démenait comme un diable dans un bénitier et semait généreusement les perles de son trésor oratoire pour arriver à constituer, au sein du dénommé *Conseil provisoire de la république russe* qui continuait à faire l'intérim du parlement, une coalition homogène. Malgré ses efforts il ne parvint à obtenir de cette assemblée hétéroclite et anarchique que cinq ordres du jour totalement différents. Et ce qui est probablement unique dans les annales parlementaires, bien qu'il s'agissait de questions primordiales telles que la continuation ou la non-continuation de la guerre, aucune n'obtint finalement la majorité. Depuis huit mois, exception faite de Kerensky qui semblait permanent, les ministres révolutionnaires se succédaient les uns aux autres, parlaient de la constituante comme du salut, sans cependant paraître pressés de la convoquer.

Certes, le malheur n'était pas grand, car une foire d'appétits rustiques déchaînés ne pouvait réaliser rien de bon. Mais cette absence d'empressement à la convoquer, de la part de gens qui n'avaient juré que par elle, avait quelque chose de singulièrement insolite. Et les bolcheviks, bien qu'ils ne fussent pas partisans des institutions parlementaires du type occidental, n'eurent pas de peine à exploiter la situation en représentant les vainqueurs de mars comme une oligarchie qui se couvrait imprudemment du manteau de la démocratie et qui, vendue aux puissances d'argent, éludait la convocation des représentants du peuple souverain de peur qu'ils exigent la liquidation immédiate de la guerre capitaliste et le partage de la terre au bénéfice de ceux qui la cultivent de leurs mains.

Les bénéficiaires de la révolution de mars ne comprirent pas ou ne voulurent pas comprendre que la cause de ce qui était arrivé était le désir des paysans de posséder individuellement la terre, le désir des ouvriers de posséder collectivement les usines où ils travaillaient et le désir de tous d'avoir la paix et de liquider la guerre.

C'était tout cela qui constituait la réalité, alors que les désirs de la nation russe de jouir d'institutions dites libérales ou des prétendues libertés politiques ou égalités civiques ce n'était que de la littérature.

Les moujiks en uniforme ne voyaient pas le moindre inconvénient à se mettre au garde à vous devant les ayants droit à cet honneur, de même que dans la vie civile ils mettaient chapeau bas devant les seigneurs, les employés des seigneurs et les employés de l'État.

Depuis des siècles les moujiks étaient habitués à obéir à ceux dont le rang social était supérieur, et depuis des générations ils étaient habitués à être bousculés et à respecter d'autant plus ceux qui les bousculaient. Tout cela leur semblait naturel et c'était pour eux un fait d'ordre immémorial voulu par la divine Providence qui avait réglé ces rapports. Mais ce qui dépassait les bornes de leur endurance c'était d'être exterminés par centaines de milliers sans comprendre pourquoi - ni même pour qui depuis la chute du tsar - et sans pouvoir, faute de munitions le plus souvent, se défendre ou attaquer au moins en attendant la mort.

Les paysans russes se révoltaient contre la guerre et ses contingences, contre la boucherie qui atteignait des proportions colossales et inédites et qui durait depuis trois longues années. Mais ils ne se révoltaient pas contre la discipline, ou plus exactement la révolte contre la discipline n'était chez eux qu'un effet de leur révolte contre la guerre.

Jusqu'alors on leur avait dit que se sacrifier pour le tsar, délégué de Dieu, était un devoir. Et ils avaient accepté le sacrifice bien que leur conviction fût de jour en jour moins grande.

Tout à coup, on s'était mis à leur dire que désormais c'étaient eux le tsar collectif, que c'était pour eux-mêmes qu'ils devaient joncher des terres lointaines de leurs cadavres et qu'ils devaient continuer à endurer le martyr pour les beaux yeux de la patrie ! Autant dire à ces hommes qu'ils devaient se battre et mourir pour les beaux yeux de Minerve ou de Junon !

Ces mythes augustes et abstraits leur étaient incompréhensibles et ils avaient l'impression nette qu'on se moquait d'eux plus effrontément encore que par le passé.

Tout en persistant à ignorer ce qu'ils éprouvaient et désiraient, on prêtait aux moujiks des pensées, des désirs, des sentiments, des ambitions et des susceptibilités dont ils ne comprenaient même pas le sens.

Aux soldats, on offrait le droit à l'indiscipline, le privilège scandaleux de commander collectivement à ceux à qui ils devaient obéir individuellement, alors qu'ils réclamaient le droit à la paix, à la sécurité, à la santé, à la vie.

On offrait aux paysans le droit de gouverner leurs communes, leurs districts et leurs provinces, la Russie même par l'intermédiaire des députés qu'ils auraient élus, mais on continuait à leur refuser le petit morceau de terre cultivable que chacun d'eux aurait désiré gouverner sans s'occuper des affaires de ses voisins.

En écoutant Kerensky et ses semblables, ils croyaient entendre leurs popes, leur promettant tous les dimanches l'héritage du Père Céleste dans l'autre monde à la condition de se contenter de la misère ici-bas.

Passant de la parole aux actes, Lénine annonça alors la convocation de son parlement à lui, du Congrès panrusse des Soviets, en même temps que les soixante bolcheviks, qui constituaient une faible minorité au Conseil provisoire de la république, quittaient bruyamment cette assemblée.

Cette résolution, qui signifiait la rupture des rapports avec le régime et l'ouverture des hostilités, fut prise au cours d'une séance secrète du Comité central du parti bolchevik que Lénine présida en personne. Il s'était enfin décidé à quitter la Finlande, et pour ne pas être reconnu pendant son voyage, s'était rasé la barbe et avait recouvert d'une perruque son crâne dénudé.

Le coup d'État qui devait porter dans l'histoire le nom de révolution d'octobre selon le calendrier russe ou de novembre si l'on s'en tient au calendrier grégorien, était décidé.

Le prélude de la nouvelle phase de la révolution avait été constitué par l'article de Lénine, imprimé à cinq cent mille exemplaires et distribué par les soins du Soviet des cheminots jusque dans les coins les plus reculés de la Russie.

Dans cet article, il était dit :

« Dans le monde collectiviste dont nous saluons en ce jour l'avènement, tout travailleur aura droit à la part de terre qu'il sera capable de cultiver lui-même, ou aidé de sa famille la plus proche, sans recourir au travail salarié ».

C'était aller droit au cœur de la paysannerie, et, il ne restait plus qu'à organiser techniquement le coup de main pour s'emparer du pouvoir établi en réalité inexistant. À cet effet, une commission fut désignée, et le Caucasien Staline, le Polonais Dzierjinski et trois Juifs qui portaient les pseudonymes de Sverdlof, Boubnof et Ouritsky en firent partie.

Cette commission était tout spécialement chargée d'organiser le soulèvement des troupes et pour cette raison ses membres figuraient sur les listes du Comité révolutionnaire militaire que Trotsky présidait.

La tactique consistait à ne pas attaquer le gouvernement de front mais à s'emparer, à la faveur du désordre et de l'anarchie, des organes vitaux de l'État concentrés dans la capitale. Ces organes étaient la Centrale télégraphique et téléphonique, la Centrale électrique, les gazomètres, les gares de chemins de fer et les ponts sur la Néva. Ainsi les insurgés isolaient le gouvernement, le paralysaient.

Pour obtenir ce résultat une poignée d'hommes résolus et soigneusement choisis parmi les techniciens des divers services qu'il s'agissait de paralyser, devait suffire à Trotsky. Ces hommes devaient être encadrés par d'autres, armés de grenades à main, lesquels provoquaient un moment de panique dans le désordre existant. En effet, pour que ce plan fut réalisable, il fallait une orgie de désordre telle qu'il est impossible de l'imaginer lorsqu'on n'a pas vu Pétrograd dans cet automne froid et brumeux de 1917.

Sans peine Trotsky trouva les hommes qui lui étaient nécessaires dans la pègre de Pétrograd, grossie d'innombrables déserteurs faméliques, de malfaiteurs politiques ou de droit commun, car les bagnes et les prisons avaient été ouverts.

Cependant, le Juif ingénieux qui avait conçu ce plan téméraire, où la cause immédiate était tellement disproportionnée par rapport à l'effet qu'elle devait déterminer, maintenait son audace dans les limites strictes que signalent les traditions de sa race. Il ne s'exposait pas lui-même et faisait tirer les marrons du feu par un goï aussi idéaliste qu'obscur, par un certain Antonof Ovsieyenko, ancien officier tsariste qui avait passé au bagne une bonne partie de son existence.

Le groupe de malandrins s'introduisit sans peine dans les services qui leur étaient familiers et ils s'en emparèrent pendant que leurs camarades semaient la panique à l'extérieur. Et ainsi, pendant que les ministres et le conseil provisoire, ignorants de ce qui se passait, continuaient à ergoter sur la démocratie, les moyens d'agir du gouvernement étaient interceptés.

Aussitôt après se produisit l'attaque contre le Palais-d'Hiver où les fantômes au pouvoir se trouvaient réunis sous la présidence de Kerensky.

Les matelots de Cronstadt s'étaient rendus maîtres de *l'Aurora*, bateau de guerre ancré sur la Neva. Ils ouvrirent le feu contre l'ancienne résidence impériale sans que les batteries de la forteresse Pierre-et-Paul, située sur la rive opposée, fassent rien pour la défendre. Et ensuite, d'autres hommes armés pénétrèrent dans la salle des séances et firent prisonniers les ministres, Kerensky excepté, qui réussit à fuir on ne sait comment.

Les partisans de Trotsky, désireux de reporter sur leur héros toute la gloire du coup de main de novembre, affirment que ce fut ainsi que les choses se passèrent.

La thèse des partisans de Staline est différente. D'après eux, c'est le comité présidé par ce dernier qui aurait tout fait en provoquant le soulèvement des troupes de la garnison.

Nous croyons que dans les deux versions il y a du vrai. Mais en réalité, en ce jour historique personne ne savait de façon exacte ce qui se passait, personne, sans excepter Lénine qui caché dans un faubourg de la capitale ignora jusqu'à la dernière minute qu'il était déjà le maître de la Russie, tout comme Kerensky ne savait pas de façon certaine qu'il avait cessé de l'être.

Déterminer à qui revient le plus grand mérite de cette journée nous semble une question absolument dépourvue d'intérêt. Derrière les Lénine, les Staline et les Trotsky, comme au premier acte de la tragédie derrière les Milioukof, les Goutchkof, les Kerensky et les Tchernof, il y avait les Jacob Schiff et le consortium judaïque international. Et encore, bien avant la naissance de cet auteur visible de la révolution russe - encore inconnu pour la majorité de nos contemporains - l'œuvre était déjà en cours. Et d'autres valets ont remplacé aussi Lénine décédé et Trotsky banni et remplaceront Staline lorsqu'il ne sera plus ou qu'on le trouvera trop encombrant.

Les serviteurs, les dirigeants successifs de la conspiration mondiale passent. Mais le plan initial reste et sa continuation immuable, sa mise en exécution impeccablement progressive, est indépendante de leurs existences éphémères.

Pendant que l'émeute grondait dans les rues de Pétrograd, pendant que ses habitants consternés ne savaient pas au juste qui était leur maître, Lénine, seul dans une petite chambre de l'Institut Smolny, passait la nuit à rédiger le décret sur l'expropriation des domaines seigneuriaux, de ceux de l'Église et de ceux de l'État.

Lénine savait parfaitement qu'il y a des minutes dans l'histoire qui comptent pour des années et qui décident de la destinée des empires.

Lorsque le fidèle Staline vint le mettre au courant des progrès de l'insurrection, Lénine qui n'était pas sorti dans la rue lui montra le papier qu'il venait d'écrire et prononça ces paroles, qui furent retenues par un témoin, et qui en disaient long :

« Si nous avons le temps de le promulguer, personne ne pourra plus essayer de nous arracher d'ici ». Le temps ne leur fit pas défaut. La prophétie de Lénine s'est réalisée.

Au soir du 8 novembre 1917, dans Pétrograd balayé par l'émeute et la révolution, l'insurrection communiste triompha.

Il était exactement huit heures quarante à l'Institut Smolny quand un tonnerre d'acclamations annonça l'entrée du bureau des Soviets, avec Lénine, le tsar rouge, le maître de l'heure.

Il se leva. Se tenant au rebord de la tribune, il promena sur l'assistance ses yeux clignotants, en apparence insensible à l'immense ovation qui se prolongea plusieurs minutes. Quand elle eut pris fin, il dit simplement : « Nous passons maintenant à l'édification de l'ordre socialiste ».

Et le fameux décret fut promulgué.

De nouveau ce fut dans la salle un formidable déchaînement humain.

Jeudi 8 novembre. Le jour se leva sur une ville au comble de l'excitation et du désarroi, sur une nation soulevée toute entière en une formidable tempête.

Une nouvelle époque de l'histoire du Monde commençait. Elle ouvre l'ère des Finalités apocalyptiques.

La guerre occulte

www.ingramcontent.com/pod-product-compliance
Lightning Source LLC
Chambersburg PA
CBHW050139170426
43197CB00011B/1892